名师名校名校长

凝聚名师共识

固化名师关怀

打造名师品牌

培育名师群体

顾明远题

县域高中英语教学的读写行思

王萌 著

中国文联出版社

图书在版编目（CIP）数据

县域高中英语教学的读写行思 / 王萌著. -- 北京：中国文联出版社, 2024. 7. -- ISBN 978-7-5190-5578-3

Ⅰ. G633.412

中国国家版本馆CIP数据核字第20248V9Z26号

著　　者　王　萌
责任编辑　刘　旭
责任校对　秀点校对　王　雄
装帧设计　刘贝贝　李　娜

出版发行　中国文联出版社有限公司
社　　址　北京市朝阳区农展馆南里10号　　邮编　100125
电　　话　010-85923025（发行部）　010-85923091（总编室）
经　　销　全国新华书店等
印　　刷　三河市龙大印装有限公司

开　　本　710毫米×1000毫米　　1/16
印　　张　15.5
字　　数　242千字
版　　次　2024年7月第1版第1次印刷
定　　价　58.00元

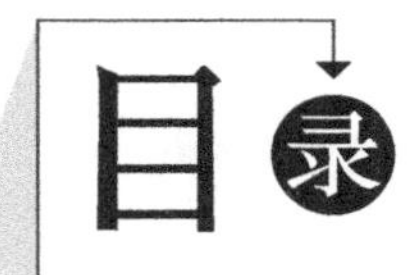

CONTENTS

第一章　听

第二章　读

第三章 写

第四章 思

第五章 教学设计

第六章 教学案例

第七章 教学反思

第八章 学习心得

第一章

听

第一节　突破听力

从口语语法的视角探究高考英语听力

高考英语听力考查的是学生的英语听力理解能力，是高考英语考试中重要的一部分。在听力考试中，学生需要听懂并理解英语对话或短文的内涵，因此，了解口语语法在高考英语听力中的应用对于学生提高听力理解能力具有重要意义。高考英语听力是高中英语考试的重要组成部分，也是考查学生英语交际能力的重要依据。了解高考英语听力的特点和要求，对于教师在教学中注重口语能力的培养，提高学生的交际能力具有重要意义。本文从口语语法的视角出发，探究高考英语听力的特点和要求，并提出相应的教学建议。

一、口语语法在高考英语听力中的应用

（一）英语对话特征与英语词汇结构

高考英语听力中的对话往往包括常用口语表达、俚语、缩略语等，在对话中出现的词汇及语法结构也相对简单，符合日常口语交际的特点。在对话中常常使用一些简短的问句、感叹句等，如“What's up?”“Great!”等。此外，在对话中常常使用一些日常生活中常见的动词短语和搭配，如“take a shower”“go for a walk”等。

高中英语口语语法及英语对话特征与高考英语听力密切相关。高中英语口语语法注重表达的准确性和流畅性，常使用短句、省略、倒装等句型，如

"I am" "She can't"等。英语对话特征体现了真实的交际情景，对话中常用到的日常用语，简短问句、反问句等也常出现在高考英语听力中。

（二）教学和考试中的口语特征

教学和考试中的口语特征是指通过模拟真实情景，让学生在语言交际中运用所学知识和能力。高考英语听力通过播放真实对话或短文的录音，让学生在模拟真实情景中理解和应用英语知识。同时，考试中也会出现一些真实生活中的对话情景，如在商店购物、预订机票等，这些情景能够激发学生的兴趣，提高学生学习的积极性。

二、学生使用英语的真实情景

英语教学应注重培养学生的口语交际能力，提高学生在真实情景下使用英语的能力。同时，高考英语听力也是考查学生英语交际能力的一种形式，要求学生能够在听力材料中准确理解与表达信息。因此，教师在教学中应注重培养学生的听辨能力和表达能力，使学生在听力考试中能够更好地理解和应对问题。

学生使用英语的真实情景是指在日常生活中，学生需要通过口语交际运用所学英语知识。例如，在购物、旅行、参加活动等场景中，学生需要运用英语进行交流。这些真实情景对于学生提高口语交际能力具有重要作用，因为在这些情景中，学生需要在真实的语境中运用所学的语法知识。

学生应该了解英语在不同情境中的表达方式和习惯用语，以便更好地理解和应对高考英语听力中的问题。教师在教学中可以引入真实情景的听力材料，并鼓励学生进行真实情景的角色扮演和对话练习，从而提高学生的口语交际能力。

三、在教学中增加口语特征的表达方式

教师在教学中可以通过增加口语特征的表达方式来培养学生的口语交际能力。教师可以引导学生使用日常口语表达方式，如缩略语、俚语等，以提高学生对真实对话的理解和使用能力。教师还可以组织学生进行小组讨论和角色扮演活动，让学生充分参与和实践口语交际，从而提高他们的听说能力。

教师可以采用以下几种方式增加口语特征的表达方式。

（一）模拟真实对话情境

在教学中，教师可以模拟真实情境，设计一些与学生生活相关的对话，并要求学生在真实情境中运用所学的语法知识进行口语交流。

（二）利用多媒体资源

教师可以利用多媒体资源，如录音、视频等，播放真实的对话和短文，让学生在提高听力理解能力的同时，提高口语交际能力。

（三）创设真实情境的角色扮演

教师可以举办角色扮演活动，让学生扮演不同的角色，在真实情境中进行英语口语交流，提高口语交际能力。

四、培养学生的口语交际能力

为了培养学生的口语交际能力，教师可以采取以下几种教学策略。首先，注重听力训练，在课堂上增加听力材料的使用比例，提高学生的听力水平。其次，鼓励学生使用英语进行口语练习，提供机会让学生进行真实的英语交流，并及时进行指导和纠正。最后，引导学生使用学过的语法知识和词汇，进行口语表达，加强口语语法的应用能力。

为了帮助学生提高口语交际能力，教师可以采取以下措施。

（一）培养学生良好的语感

通过经常进行听力训练，培养学生良好的语感，使学生能够更好地理解和适应英语口语表达的语音、语调和节奏。

（二）组织口语实践活动

教师可以组织一些口语实践活动，如角色扮演、讨论、辩论等，让学生有机会在实际情境中进行英语口语交际，提高口语表达能力。

（三）给予积极的口语反馈

教师在口语教学中应给予学生积极的口语反馈，鼓励学生大胆使用英语进行口语交际，并指导学生改正口语表达中的错误，提高学生口语交际能力。

五、结论

从口语语法的视角探究高考英语听力，有助于提高学生的听力理解能力，促进学生口语交际能力的发展。通过增加口语特征和真实情景的应用，培养学生的口语交际能力。教师在教学中应充分利用口语教学资源，提供更多的口语实践机会，给予积极的口语反馈。通过这些努力，有助于学生在高考英语听力考试中取得更好的成绩。

从口语语法的视角探究高考英语听力，有助于理解听力考试的特点和要求，并提供相关的教学建议。教师在教学中应注重培养学生的口语能力，提高学生的英语交际能力，以适应高考英语听力考试的要求。

参考文献

［1］LI Y. The application of oral English teaching method in college English teaching［J］. Journal of Language Teaching and Research，2015，6（2）.

［2］YANG J, ZHANG L. The application of oral English teaching method in middle school education［J］. Modern Educational Technology，2016（11）.

［3］ZHOU J, CHEN L. The importance of oral communication ability in English teaching［J］. Journal of Language Teaching and Research，2017，8（3）.

［4］杨倩霞. 高考英语听力中的口语语法分析［J］. 留学生导刊，2019（17）.

［5］李华，赵丽丽. 高中英语教学中口语语法的应用研究［J］. 北方教育，2018（24）.

［6］张海洋. 高中英语听力教学中的口语语法教学研究［J］. 外语时代，2017（2）.

探讨提高县域高中英语高考听力水平的方法

一、引言

英语作为一门重要的外语，具有广泛的应用领域，因此，在县域高中的英语教学中占据着重要的地位。然而，在高考英语听力方面，由于种种原因，县域高中教育水平相对较低，学生的英语听力能力普遍较弱。因此，如何提高县域高中学生英语听力水平成为一个亟待解决的问题。

对于县域地区的高中学生来说，掌握英语听力技能尤为重要。然而，当前县域高中英语听力教学存在诸多问题，如缺乏科学的教学方法和专门的听力训练，缺乏现实的语言环境，学生自身因素和教师自身因素等。本文旨在通过对这些因素的分析，提出一些方法来提高县域高中英语高考听力水平。

二、现状分析

（一）缺乏科学的教学方法和专门的听力训练

县域高中英语教师对于听力教学的重视程度相对较低，常常采用传统的教学方法，缺乏科学有效的听力训练。学生缺乏实践机会，很少在真实的语言环境中进行听力训练，这导致他们对于不同语速、口音和语调的理解能力不足。

（二）缺乏现实的语言环境和不良的学习习惯

在县域高中教育中，英语教学环境相对较为简单和单一，学生接触英语的机会有限。学生在学习英语时往往会遇到阅读、写作等方面的困难，对于听力的培养缺乏充分的关注。同时，由于学生自身不良的学习习惯，他们缺乏主动性和积极性，往往把课堂听力练习当作例行公事，不会主动进行额外的听力训练。

（三）学生自身因素和教师自身因素

学生的英语基础和学习习惯在一定程度上会影响听力训练的效果。

三、县域高中英语高考听力存在的问题及原因

（一）缺乏科学的教学方法和专门的听力训练

在县域高中英语听力教学中，教师往往只重视听力材料的简单播放，缺乏具体的教学方法和训练。学生在听力测试中表现不佳的原因之一是缺乏系统的听力训练，无法掌握有效的听力技巧。

（二）现实语言环境的限制

县域地区通常缺乏英语学习的现实语言环境，学生接触英语的机会较少，这对于提高听力水平造成了困难。学生缺乏与英语母语者交流的机会，无法适应复杂的英语听力场景。

（三）学生自身因素和教师自身因素

部分学生在学习英语听力时存在不良的学习习惯，如不重视听力材料的反复训练，不注重听力理解的细节，等等。这些习惯导致他们在高考听力测试中表现不佳。此外，教师本身的英语水平和教学经验也会对听力训练产生影响。有些教师缺乏高度的教学热情和专业素养，不能有效地引导学生进行听力训练。学生自身的学习态度、英语水平、听力能力等因素，以及教师自身的教学方法、教学经验等因素，都对县域高中英语高考听力水平的提高产生影响。

四、改进措施

（一）科学的教学方法及专门的听力训练

针对县域高中英语听力教学存在的问题，教师应采用科学有效的教学方法，如多样化的听力材料、实践性的听力任务和模拟真实语境的听力练习。此外，学校也应为学生提供专门的听力训练设备和资源，鼓励学生参加英语角、英语竞赛等活动，提高他们在真实语境中的听力水平。

（二）创造良好的语言环境和培养良好的学习习惯

学校和家庭应共同努力，为学生创造良好的语言环境。学校可以提供英

语角、辅导班等平台，让学生有机会接触真实语言环境，从而提高听力理解能力。同时，学校和家庭应积极引导学生培养良好的学习习惯，提高学生的自觉性和主动性，鼓励他们进行额外的听力训练。

（三）注重培养学生综合基础能力

听力是英语综合能力的重要组成部分，因此，县域高中英语教学应注重培养学生的综合基础能力。教师可以通过阅读、写作、口语等方式，综合训练学生的英语能力，提高他们的整体语言素养。此外，学校也可以组织英语角、辩论赛、演讲比赛等活动，培养学生的综合基础能力。

（四）针对高考进行训练

高考是衡量学生英语水平的重要标准，因此，县域高中英语教学应针对高考进行训练。教师可以结合高考听力试题的特点和趋势，进行有针对性的听力训练，帮助学生熟悉高考听力的题型和难度，提高他们的应试能力。

（五）了解高考听力试题的特点与趋势

高考听力试题在内容和形式上有一些特点和趋势，如难度适中、题目设计更加贴近生活、答题方式更加多样化。了解这些特点和趋势对于提高县域高中学生的高考听力水平至关重要。

五、提高县域高中学生英语听力水平的方法分析

（一）培养学生综合基础能力

综合基础能力包括词汇量的积累、语法知识的掌握、听力技巧的培养等。教师可以通过词汇和语法的系统讲解和巩固练习，帮助学生建立扎实的基础。此外，教师还可以引导学生进行听力技巧的训练，如抓住关键词、注意语音语调等，以提高学生听力理解能力。

（二）针对高考进行训练

因为高考听力试题具有一些特点和趋势，教师可以根据这些特点和趋势进行有针对性的训练。例如，教师可以通过模拟高考听力试题，让学生熟悉题目的形式和要求，提高他们的答题技巧和速度。同时，教师还可以提供一

些相关参考资料和模拟试题，供学生进行额外的训练和复习。

（三）创造语言环境

尽管县域地区缺乏英语学习的现实语言环境，但教师可以通过一些创造性的方法来提供语言环境。例如，教师可以播放英语新闻、英语音乐、英语电影等，让学生通过这些听力材料接触到真实的英语使用场景。另外，教师还可以组织一些英语角、英语演讲比赛等活动，让学生有机会和他人用英语进行交流。

六、结论

通过以上分析和探讨，可以看出，提高县域高中学生英语听力水平需要从教学方法、语言环境、学习习惯、学生自身因素、教师自身因素、综合基础能力和针对高考进行训练等方面进行综合考虑和努力。通过教师和学校的共同努力，有利于提高县域高中英语听力教学的效果，提高学生的英语综合能力和应试能力。

通过分析县域高中英语听力教学中存在的问题及原因、学生自身因素和教师自身因素，以及高考听力试题的特点和趋势，本文提出了培养学生综合基础能力、针对高考进行训练和创造语言环境等方法，这些方法将有助于提高学生的听力水平。

参考文献

［1］邹琪. 高中英语听力教学方法研究［J］. 黔西南民族师范学院学报，2012，14（2）.

［2］周宇，饶衡. 基于高考试题的听力教学策略研究［J］. 江苏高教研究，2014（3）.

［3］李洁. 高中英语听力教学困境与对策［J］. 西部作文，2013（2）.

［4］GILLIAN B, GEORGE Y. Teaching the spoken language: an approach based on the analysis of conversational English［M］. New York: Cambridge University Press, 1983.

[5] ROST M. Teaching and researching listening [M]. 2nd ed. New York: Routledge, 2015.

[6] RICHARDS J C, RENANDYA W A. Methodology in language teaching: an anthology of current practice [M]. New York: Cambridge University Press, 2002.

第二节　听前预测

浅谈县域高中英语听力听前预测

英语听力考试在英语学习中占据着重要的地位。而在县域高中英语教学中，学生经常会对听力难度高、内容复杂的问题感到困惑。为了提高学生的听力水平，教师需要探索有效的策略来帮助学生。其中，听前预测是一种常用的策略。所谓听前预测，就是通过提前了解题目和材料等信息，帮助学生更好地理解和把握听力内容。本文将探讨和介绍听前预测的重要性以及策略，以便教师和学生能够更好地应对听力考试。

一、听前预测的重要性

听前预测是指在听力练习开始之前，根据已有的信息和经验，对听力内容进行合理推测。这不仅可以提前了解听力材料的主题、内容和结构，还可以提高对听力材料的理解能力和记忆能力。同时，通过预测，学生可以在听力过程中更有针对性地筛选信息、提炼关键词语，从而提高听力答题的准确性和速度。

听前预测还可以帮助学生建立听力的大致框架，将自己的背景知识与听力材料相结合，更好地理解和把握听力内容。在考试中，由于时间的限制，学生需要在较短的时间内快速理解和作答，因此，通过听前预测可以提高学生的应试能力，使其更顺利地完成听力题目。

（一）提高听力的目的性和高效性

通过听前预测，学生可以提前了解到将要听的内容，包括主题、场景、人物等，以便在开始听后更好地准备自己的听力策略。听前预测可以帮助学生建立起听力的思维框架，提前预编出听到的信息，使得接下来的听力考试过程更加有目的性和高效性。

（二）培养思维能力

听前预测可以通过对题目、选项等信息的处理，培养学生的思维能力，使其能够根据已有的信息进行推理和联想。在预测过程中，学生需要进行逻辑推理、查找线索等，这些思维能力的锻炼对学生理解听力内容起到积极的促进作用。

（三）提高答题的准确性和速度

通过听前预测，学生可以提前了解到一些关键信息，如背景知识、关键词等，这些信息有助于学生更好地理解听力材料。在听力过程中，学生在遇到具体问题时，可以根据已有的预测信息进行选择和判断，从而提高答题的准确性和速度。

二、听前预测策略的介绍

对于县域高中学生来说，掌握一些有效的听前预测策略十分重要。下面介绍一些常用的听前预测策略，供教师和学生参考。

（一）综合利用题目和选项

在短对话和长对话中，教师和学生可以利用题目和选项来进行预测。通过浏览题干，寻找关键词，可以预测出可能会出现的信息。同时，通过查看选项，可以预测出可能的答案类型，从而更好地理解听力内容。

（二）利用经验知识进行预测

教师和学生可以通过对题目和选项的了解，结合自己的经验知识进行预测。例如，对于涉及学校、旅行、购物等话题的听力材料，学生可以根据自己的日常经验进行预测，提前预编出将要听到的内容。

（三）使用推理联想

教师和学生可以利用题目、选项等信息进行推理和联想。通过预测可能会出现的关键词、句子结构、常用表达等，可以更好地帮助学生理解听力内容。同时，学生也可以根据已有的信息进行推理和判断，提前预编出答案。

三、听前预测策略的培养

听前预测的策略是需要培养的，下面列举几种培养策略的方法。

（1）积累常见的听力题型和常用的题目干扰项。通过大量的练习和背诵，学生可以熟悉各种题型的特点，提前了解常见的干扰项，从而在听听力材料之前对题目的答案进行合理的推测。

（2）培养对对话和独白的预测能力。对话和独白是听力材料中常见的形式，对话通常是两个或多个人之间的对话交流，独白则是一个人对某个主题或事件的讲述。学生可以通过浏览题干，了解问题的关键词，从而猜测对话和独白中可能出现的内容，提前建立听力的大致框架。

（3）提高对提示词语的敏感度。在听力材料中，常常会有一些提示词语，如数字、地点、时间、人名等。学生可以通过练习，培养对这些提示词语的敏感度，预测后文中可能出现的信息。

四、听中的推理联想和简记

在听力过程中，学生可以根据已有的信息进行推理联想。通过对前文的理解和推测，可以预测后文的内容。比如，在长对话和独白中，学生可以根据问题的提示词语，推测出后文中可能出现的关键词语，从而更有效地筛选和记忆信息。

在听力过程中，学生还可以通过简记的方式记录听到的信息。简记是指将听到的内容用简洁、关键的词语、短语或符号记录下来，以便后续的理解和记忆。学生可以根据听力材料的特点选择合适的简记方式，如箭头、符号、词语的首字母等。通过简记，学生可以准确抓住信息的主要内容，避免遗漏重要信息。

五、听后的自我评价

在听完一段对话或独白后，学生应及时对自己的听力理解和答题情况进行评价。首先，学生可以回顾自己在听前预测中猜测的内容与实际听到的内容是否一致，分析预测的准确性和错误的原因。其次，学生应对答题情况进行分析，找出错误答案的原因，如是因为听力理解不准确还是因为对题意理解错误。最后，学生可以总结自己的听力表现和答题技巧，分析听力中存在的问题和不足之处，以便在以后的学习中加以改进。

听后的自我评价不仅仅有助于学生对自己的听力水平进行客观的评估，更重要的是能够帮助学生找出听力中的问题和不足之处，并借此提高听力技能和答题能力。

六、总结与展望

本文探讨了县域高中英语听力中的听前预测的重要性以及介绍了听前预测策略。通过听前预测，学生可以提前了解听力内容，提高听力的目的性和高效性，培养思维能力，提高答题的准确性和速度。同时，教师和学生可以使用一些预测策略，例如综合利用题目和选项、经验知识进行预测，使用推理联想等来提高听力水平。随着县域高中教育的不断发展，相信通过合理的听前预测策略的培养，学生的听力水平将有所提高。

通过听前预测，学生可以提前了解听力材料的主题、内容和结构，提高对听力内容的理解能力和记忆能力。学生在听中可以通过推理联想和简记的方式更好地筛选和记忆听到的信息。在听后，学生应对自己的听力理解和答题情况进行评价，总结听力表现和答题技巧。听前预测策略的培养是需要时间和练习的，学生可以通过积累经验、熟悉题型和题目干扰项，培养预测能力和提高听力成绩。

参考文献

[1] GHAHREMAN M, TOHIDIAN I. The impact of pre-listening activities on iranian intermediates' listening comprehension [J]. Theory and

Practice in Language Studies，2016，6（4）.

［2］JIANG Y. The application of pre-listening activities in English listening teaching of junior high school［J］. International Education Studies，2019，12（11）.

［3］YANG P N. The effects of explicit instruction of listening strategies on college students' English listening comprehension［J］. Theory and Practice in Language Studies，2020，10（12）.

［4］曹宇. 从听力测试讲解中浅议听力教学策略［J］. 世界英语教学，2017（11）.

［5］邹云霞. 高中英语听力教学中的听前预测策略研究［J］. 外语辅导与研究，2017（7）.

浅析影响高中英语听力教学之因素

随着新课改的推进，作为交际能力的重要组成部分的听力，无论是在课堂教学中，还是在实际运用中都被提升到了一个新的高度。但是目前高中英语听力教学的现状远远不能满足新课改对英语学习者的要求。因此，有必要对当前高中英语听力教学中存在的问题进行调查分析，并做出进一步的探究，以解决上述问题。本文将从听力教学中教师因素和学生因素两个方面入手，深入教学一线调查并总结出英语听力教学中存在的若干问题，以期能为解决这些问题提供有益的参考。

一、影响听力教学的教师因素

（一）教师自身能力的问题

教师自身必须拥有良好的听力水平才能满足听力教学的需要。而现在许多英语教师并非本专业出身，以前给学生教教语法、写作还能勉强应对，对于听力教学则完全是外行，没有任何的经验可言。即使是本专业毕业的部分教师，在听力方面也存在着或多或少的问题。

（二）教师的观念问题

一直以来，听力教学在大多数学校都得不到重视，甚至在平时的考试中压根儿就不考。新课改实施后，听力作为高考成绩将计入总分，教师的观念应该会彻底改变。

（三）教学的方法问题

一些教师因为以前对于听力没有足够的重视，所以对于有效的教学方式缺乏研究和探索，导致听力课堂设计单调、气氛沉闷。大部分的听力课都会采用较单一的模式：教师放录音，学生做练习，然后教师给学生对答案。这种单调的氛围自然难以调动学生主体的积极性。再加上选取的听力材料一般来源于教材或一些与教材配套的资料，其内容大多是由书面形式直接转换而成的，严重脱离实际。还有传统的听力选择、填空和问答题使学生对听力完全失去了兴趣。因此，教师必须加强有效听力教学方法的探究，提高听力教学的水平。

二、影响听力教学的学生因素

（一）学生缺乏听力学习必要的基础知识积累

听力学习要求学生有较为扎实的语音知识、词汇积累、语法知识。因为当听力信息输入时，听力理解的首要任务就是根据语音、词汇、语法识别和选择声音信号。学生缺乏必要的语音知识（如音节、重读、连读、失去爆破等）、辨音能力较弱及词汇量不足等，都会影响其对语篇意义的理解。学生如果在听的过程中对于句式的识别、信息词的捕捉不到位，对非谓语动词、比较结构及复杂句等结构和语法的掌握不牢固，就不会对听力中闪现的信息有良好的把握。

（二）学生没有养成良好的听力习惯

听力学习不是一蹴而就的，需要学生养成良好的听力习惯。这就要求学生在平时的生活学习中要练习和积累。很多学生不知道英文广播电台的节目，在观赏英语电影时不愿尝试听原文对白，而更愿意看下面的中文字幕。

在英语的听说课上习惯用汉语讨论问题，甚至更愿意用母语回答教师的提问。这一切其实都与学生没有养成听力习惯息息相关。良好的听力习惯需要学生自己养成，更需要教师的培养和指导。在课堂上，教师鼓励学生用英语回答问题，为学生开设影视欣赏课，选择难度适中的听力内容，给学生进行听力技巧的培训，这些都是可以在现实教学中做到的。当然，学生自己也要主动收听英文广播，多用英语与同学、教师交流。

（三）学生对于听力学习有一定的畏惧心理

考入普通高中的学生大多数英语比较薄弱，再加上高中英语学习的方法策略与以前初中的学习完全不同，这就导致了许多学生在英语学习上存在挫败感，甚至害怕英语课。而听力学习相比于语法、词汇学习更注重应用，以前本来就基础较弱的学生在听力学习上更加举步维艰。所以，一部分学生在听听力材料前心理上就已经有了排斥畏惧，将更多的注意力转移到其他方面而不是听力学习本身上。所以，教师必须采取措施，帮学生树立信心，消除畏惧心理，可以先让学生听听力材料上简单的对话、句子甚至是单词，也可以选用一些学生感兴趣的听力材料让学生去听，循序渐进地提高学生的听力能力。

三、结论

综合以上教与学的问题， 新课改背景下高中英语听力教学任重而道远。在听力教学的认识方面和实施方面，学生与教师都要摈弃传统的思想与教学方法，结合自身实际以新课标为标准改进听力教学的学习方法和教学方法。

参考文献

[1] 郑晓华. 听力应试技巧及教学对策［J］. 基础教育外语教学研究，2005（8）.

[2] 桂诗春. 心理语言学［M］. 上海：上海外语教育出版社，1985.

浅析如何提高县域高中生的高考听力水平

一、县域高中学生在英语听力中存在的问题

（1）缺乏英语环境和机会。县域高中学生接触英语的机会有限，缺乏良好的英语环境，这导致他们对于听力的训练机会较少。

（2）词汇量不足。由于英语教学水平和资源的限制，县域高中学生的词汇量相对较少，在听力中很容易遇到生词或难词，从而影响他们的理解能力。

（3）阅读能力不强。县域高中学生在阅读方面往往相对薄弱，因此，听力理解能力较弱。

（4）缺乏专业的听力训练。学校教师在教学中对于听力的训练方法和素材选择上，可能存在一定的不足，导致学生的听力训练效果不佳。

（5）学校条件限制。县域高中学校资源与城市学校存在差距，学生接触到的英语环境较少。

（6）技巧和策略欠缺。县域高中学生对高考英语听力考试的特点和题型理解不足，缺乏相应的应对策略和技巧。

（7）兴趣缺乏。由于教材内容老旧、无趣，以及缺乏与国际接轨的学习机会，学生对英语学习的兴趣较低。

二、提高县域高中学生英语听力水平的对策

（1）创造英语环境。学校和家庭可以采取一些措施，创造英语环境，如开设英语角、组织英语角色扮演活动等，为学生提供更多的英语交流机会。

（2）多听英语听力材料。学校可以通过提供多样化的英语听力材料，如英语电影、英文歌曲、英语广播、英语节目等，让学生多听，培养他们对英语的兴趣。

（3）制订科学的听力训练计划。学校可以结合学生的特点，制订科学的听力训练计划，分阶段、分难度地进行听力训练，注重培养学生的听力技巧。

（4）提升词汇量。学校教师可以通过多元化的教学方式来帮助学生提升词汇量，如词汇游戏、词根词缀教学、阅读课外书籍等。

（5）培养阅读能力。学校可以加强对学生的阅读指导，推荐适合高中学生的英文读物，引导学生培养阅读兴趣和阅读技巧。

（6）优化学校环境。学校应配备适当的设备，并提供更多的听力材料，以创造更好的英语学习氛围。

（7）加强听力技巧训练。学校和教师应通过定期的训练和模拟考试，帮助学生熟悉高考听力题型，提高学生听力技巧。

（8）激发学生兴趣。教师应注重教学内容的科学性和趣味性，选择与学生生活相关的听力材料，增加学生对听力训练的兴趣。

（9）深入了解高考听力要求。教师要深入了解高考听力考试的要求和评分标准，为备考提供针对性的指导。

（10）鼓励学生积极参与英语听说实践活动。学校可以组织英语角、英语沙龙等活动，为学生提供锻炼听力的机会。

三、选择适合的听力活动和材料，提高学生对听力训练的兴趣

（1）地道的听力材料。选择与学生生活相关的听力材料，如与他们的生活场景相关的对话、访谈和新闻，提高学生对于听力材料的认同感和兴趣。

（2）多样化的听力材料。选择丰富多样的听力材料，包括各个领域的讲座、学术报告、纪录片等，满足学生的不同兴趣和需求。

（3）选择与学生生活相关的话题。选择与学生生活经验和兴趣相关的话题，可以使学生更容易理解和投入。

（4）提供多样化的听力材料。提供新闻、访谈、学术演讲等不同类型的听力材料，以丰富学生的听力经验。

（5）选择有趣的听力材料。选择一些幽默、娱乐性的听力材料，激发学生学习英语的兴趣。

（6）利用互联网资源。选取一些来自英语国家的真实材料，提高学生对听力训练的兴趣和学习的效果。

四、选择科学的教学方法

（1）听力技巧的教学。教师可以向学生介绍一些常用的听力技巧，如预测答案、注意关键词等，帮助学生提高听力的理解和答题能力。

（2）分层次的教学。将听力训练分为不同的难度级别，逐步提高学生的听力水平。可以根据学生的水平，设置不同的听力任务和练习。

（3）多媒体技术的运用。利用多媒体技术，将听力材料与图片、视频等相结合，帮助学生形象直观地理解听力内容，增强学习效果。利用多媒体技术，将听力材料与视觉图像相结合，提供更直观、生动的学习体验。

（4）分阶段教学。根据学生的听力水平和能力，将听力教学分为初级阶段、中级阶段和高级阶段，逐渐提高难度，帮助学生循序渐进地提高听力水平。

（5）注重听力训练的系统性。通过定期的听力练习，分析学生的差错和问题，有针对性地对学生进行训练。

（6）拓展学生的听力资源。鼓励学生自主学习，提供一些网上的英语听力资源和学习工具，让学生有更多选择的机会。

五、结论

提高县域高中学生的英语听力水平需要学校、教师和学生的共同努力。学校应提供多样化的英语环境和听力材料，教师应采用科学的教学方法和合适的听力材料对学生进行训练，学生应积极参与听力训练，提高自身的听力水平。通过以上对策的实施，相信县域高中学生的英语听力水平一定会有所提高。提高县域高中学生的英语听力水平需要多方面的努力，应从改善学校环境、加强技巧训练、激发学生兴趣和选择合适的教学方法等方面入手。同时，通过选择具有趣味性和多样性的听力材料，可以提高学生对听力训练的兴趣和学习效果。

参考文献

［1］李佳楠. 深入探究县域高中英语教学问题及对策［J］. 中学英语教学，2017（9）.

［2］张晓丹，张洪建. 基于在线课堂的农村初中英语教学方法研究［J］. 福建师范大学教育学报，2019，35（6）.

［3］杨小雷，等. 提高农村中学英语课堂教学效果的对策探讨［J］. 省级大学生，2019（18）.

第三节　听力教学

刍议高中英语听力教学的开展

教师在进行高中英语教学时不难发现，对于单词不熟练的问题，学生能够通过死记硬背来克服，写作问题也可以在系统训练中得到解决，而学生听力技能的训练则难以找到有效的突破口。学生在进行听力训练时总会因为语速快、书写慢、难以快速判别有效信息等因素导致听力结果令人不满意。教师应深入分析英语听力的特点，给学生对症下药，在持续的听力训练中促进学生英语听力水平的提升。教师应从为学生营造英语视听说环境、培养学生科学的听力技巧、总结与反思听力内容等方面促进高中英语听力教学的开展。

一、营造视听说环境

教师在进行高中英语听力教学时应考虑到学生的单词量是否掌握到一定的程度、学生的理解是否到位，而在学生具备一定基础的基础上注重视听说环境的熏陶。在当前英语教学中，教师为了应付高考的考纲要求，大都通过磁带来向学生播放英语听力材料，且不说听力内容往往过于陈旧，难以做到紧跟时代潮流，而且学生的听力体验也较差，不利于学生听力水平的广泛提升。因此，教师应改变以往听力教学方式，将英语听力学习作为一项必备技能来对学生进行熏陶与训练，让学生在英语听力氛围中养成英语思维与习惯，将英语听力当作一件普通的活动去践行。例如，教师可以在每个英语晚自习期间为学生播放当前的英语时政新闻，高中学生对国家大事总有一种积极的参与感与想了解的迫切需求。教师在进行听力教学时应引导学生从英语听力中迅速抓取有效信息并记下关键词，并鼓励学生在听力结束后根据关键词将听力内容进行retell，让学生在了解国家大事的同时锻炼英语听力能力。教师在日常教学中也应注重听力环节的引入，在阅读课、单词课中穿插听力任务，培养学生的听力技能，让学生在听力训练中提高听力水平。营造视听说环境能够让学生在了解英语资讯的同时感受到英语氛围的熏陶，学生在学习的过程中潜移默化地养成听英语、抓取信息的习惯，学生的英语听力水平自然而然得到显著提升。

二、培养学生科学的听力技巧

学生在进行听力训练时总是会向教师反映一系列的问题，如听力中的语速较快、写下关键词的速度太慢、不能准确判断有效信息、混淆听力内容等情况。针对这类情况，教师应注重培养学生的听力技巧，带领学生进行科学的听力训练，帮助学生在听力训练中总结听力习惯，形成听力能力。例如，教师在带领学生进行听力训练时就应引导学生明确每一遍听的目标，在听第一遍时，学生通过泛听了解文章中心思想，认识到本篇文章主要写了什么内容，接下来应重点关注哪一部分，并逐步熟悉听力材料中的语速及口音。在听第二遍时，学生应提前浏览听力问题，明确自己要解决什么问题。在详听阶段，学生根据问题有目的地进行听力练习，在听文章的同时记录下关键词的首字母或特殊符号，切忌将每一个单词的全拼写下来，这样不仅浪费时间，还会使学生错过接下来将要听到的重点内容。在听力过程中，学生应谨记不要走神，要紧跟听力播放进程，在遇到自己没有听清或难以辨别的内容时，应镇定下来，将这一部分先忽略，接着听剩下的内容。英语听力对学生的调节能力与细节把控能力要求较高，教师在带领学生进行听力训练时应帮助学生从听力细节中把握基本技巧，并引导学生在反复训练中总结经验，从而在英语听力测试时做到不慌不忙、镇定自若。

三、总结与反思听力内容

教师在进行听力训练时，往往会发现学生在记录关键词时总是会记录一些与听力内容的重点不太相关的词语，这些词语不仅会干扰学生对听力内容进行准确判断，还会使学生养成较差的听力习惯，不利于学生听力水平的提升。因此，教师应引导学生进行听力总结与反思，这一环节可以在听力训练中得到有效开展。高中英语听力是以选择题为主的，这类听力虽然确实降低了听力难度，但却不利于学生综合听力水平的培养，使学生的听力训练充满了不确定性。因此，教师应创新听力训练的形式。例如，教师可以选取一个热点问题进行听力训练，并播放四遍这段英语内容，让学生第一遍熟悉听力内容，第二遍开始书写听力内容，第三遍继续补充，第四遍查缺补漏。在这类具有深度的循序渐进的听力训练中，学生的听力技能会得到显著提升，这对学生英语能力也是一个综合性的考验。在听力训练结束后，学生根据教师给出的标准答案来检验自己书写的内容，总结自己出现的问题，明确自己在听力环节中的进步与不足，从而发扬长处、克服不足，在持续的反思与总结中提升自身的听力水平。

四、结语

听力是高中英语学习的重要内容，当前英语教学存在许多哑巴教学，即学生能写、会背，却听不懂英语对话，难以进行有效的沟通等，这十分不利于学生英语综合能力的提升。针对这类情况，教师应关注学生在听力中出现的问题，鼓励学生进行科学的听力技巧训练，帮助学生找到适合自己的较好的听力训练方法。因此，教师应以培养学生英语技能为目标，让学生在锻炼中提升听力技能，明确自己努力的方向，在英语听力训练中促进学生听力水平的提升。

参考文献

[1] 丛笑. 利用网络资源,开展高中英语听力教学 [J]. 英语教师, 2017, 17 (7).

[2] 马玉明. 高中英语听力学习策略培训的实证研究 [D]. 锦州：渤海大学，2017.

县域高中英语薄弱生高考听力教学初探

英语听力是高考英语的重要组成部分之一，对于英语薄弱生而言，听力往往是最令他们头疼的问题。针对县域高中英语薄弱生，如何有效地进行英语听力教学以提高其听力水平，是本文的研究目的。

英语听力是英语语言技能的重要组成部分，也是高考中的必考内容之一。然而，由于各地教学水平和学生实际情况的不同，一些县域高中的学生可能因为种种原因导致英语听力能力较为薄弱。本文旨在通过初步探讨针对县域高中英语薄弱生进行英语听力教学，为教师提供一些启示和建议，从而帮助学生提高英语听力能力，进而提高高考成绩。

一、明确听力训练的目标和要求

明确听力训练的目标和要求对于指导教学有着重要的意义。在针对县域高中英语薄弱生进行英语听力教学时，我们的目标应是确保学生掌握听力部分的考点，提高他们的听力技能和应试能力。

在进行英语听力教学时，教师要明确听力训练的目标和要求。高中英语听力主要考查学生对英语语音、语调、语速以及听力材料中的具体内容和信息的理解能力。因此，教师需要根据高考听力的题型和要求，设定相应的听力训练目标，明确学生应达到的听力水平。

二、分析学生听力困难的原因

了解英语薄弱生在听力方面的困难的原因是制定教学策略的基础。学生听力困难的主要原因包括以下几个方面：缺乏听力习惯、词汇量不足、对语音和语境的理解能力较弱等。针对不同学生的困难，教师可以有针对性地制定相应的教学策略。

针对英语薄弱生的特点和需求，教师需要设定适当的分数目标，从而提高学生的积极性和主动性。

三、加强基础知识的复习与巩固

对于英语薄弱生来说，基础知识的复习与巩固是提高听力水平的关键。通过加强对重要词汇、语法和句型的学习，可以帮助学生建立牢固的基础。

要提高英语薄弱生的听力能力，教师要先分析学生听力困难的原因。学生对英语语音、语调、语速不熟悉，对听力材料中的词汇、语法、上下文之间的联系等缺乏理解，以及缺乏听力习惯和技巧等，都是导致听力困难的原因。教师可以通过分析学生的常见错误，有针对性地进行教学辅导。

四、听力详解与套题训练相结合

对于县域高中英语薄弱生而言，听力详解与套题训练相结合对于提高学生的听力水平尤为重要。教师通过详细解析听力材料，让学生深入理解听力材料中的语言细节和难点，并通过大量的套题练习提高他们的听力能力。

对于英语薄弱生来说，加强基础知识的复习与巩固是提高听力能力的基础。教师可以通过课堂讲解、课外阅读等方式，加强学生对英语词汇、语法等基础知识的理解和掌握，从而提高学生的听力水平。

五、保护学生的自信心

对于英语薄弱生而言，他们在听力方面常常缺乏自信心。为此，我们需要采取措施来保护学生的自信心，如帮助学生感受到自己在听力训练中取得的进步，鼓励学生相信自己可以提高听力水平。

英语薄弱生可能因为听力能力相对较弱而产生对英语听力的恐惧和自卑心理。教师要注意保护学生的自信心，给予学生积极的鼓励和正面的反馈。同时，教师要提醒学生英语听力水平是可以通过努力得到提高的，鼓励他们积极参与听力训练。

六、听读结合，把握听力材料的特点和量变

听读结合是提高学生听力水平的有效方式之一。通过听读结合，学生可以更好地理解听力材料中的词汇、语法以及上下文等关键信息，熟悉听力材料的语音特点和语境信息，并培养在理解中文的基础上直接理解英语的能力。同时，教师还要注意把握听力材料的特点和量变，根据不同题型和要求，设计不同类型的听力训练，提升学生的听力技巧。

七、适当的考试技巧指导

教师可以针对高考听力部分的特点，给学生提供一定的考试技巧指导，如预测题型、留意常考的词汇和句型等，帮助学生更好地应对高考英语听力考试。同时，教师可以给学生提供大量的练习机会，让学生在不断练习中体验到成就感，从而增强信心。

八、让学生体验成就感

为了提高学生对英语听力的积极性，我们需要创造机会让学生多次在听力训练中取得进步，并及时给予他们相应的奖励和正面的反馈，让他们体验到学习的成就感。

九、结论

针对县域高中英语薄弱生的高考英语听力教学，我们需要从明确目标和要求，分析听力困难的原因，加强基础知识的复习与巩固，将听力详解与套题训练相结合，保护学生的自信心，听读结合，把握听力材料的特点和量变，提供适当的考试技巧指导和让学生体验成就感等方面入手。通过合理的教学方法和教学策略，我们可以有效地提高学生的听力水平，使他们在高考中取得更好的成绩。

参考文献

[1] 吴若梅，宋柔. 适应听力困难学生的听力教学策略初探［J］. 四川电

教，2016（10）.
［2］王凤荣. 英语薄弱生听力教学策略研究［D］. 天津: 天津师范大学，2015.
［3］曾丽英，陆炳章. 基于构建模型的高中英语听力教学创新研究［J］. 南京信息工程大学学报（人文社会科学版），2014（1）.
［4］唐春元. 有关高中英语听力教学的探究与实践［J］. 包头师范学院学报，2013，29（1）.

第二章

读

第一节 跨文化意识的探究

文化意识视域下的县域高中英语阅读教学探究

英语阅读教学是培养学生语言能力和文化意识的重要途径之一。随着全球化的发展，文化意识在英语学习中的作用越来越受到人们重视。在县域高中英语阅读教学中，如何基于文化意识的视角，帮助学生形成正确的价值取向，丰富其文化体验，提升其对文化的包容度，使其形成对文化差异的正确看法，成为教师需要探索和解决的问题。

在全球化的背景下，培养学生的国际视野和跨文化沟通能力变得尤为重要。然而，县域高中英语阅读教学普遍存在注重单一知识点学习、忽视文化意识培养的问题。因此，如何在县域高中英语阅读教学中注重文化意识的培养，成为一个亟待解决的问题。

一、基于文化知识进行文化比较

在县域高中英语阅读教学中，教师可以通过引入不同国家和地区的文化知识，帮助学生进行文化比较。通过比较不同文化之间的异同，学生可以逐渐了解和理解其他文化的特点，并尊重和包容不同文化。同时，通过对文化比较进行深入的思考和讨论，可以发展学生的高阶思维。

文化比较是培养学生文化意识的有效方式之一。通过比较不同文化之间在价值观、习俗、传统等方面的差异，学生可以更好地理解文化差异并形成正确的价值取向。教师可以通过让学生阅读来自不同国家和地区的文学作品、历史故事等来引发学生对不同文化的兴趣，通过主题讨论、小组活动等形式，让学生主动参与到文化比较中。

二、优秀文化内化帮助学生形成正确的价值取向

培养学生正确的价值取向是县域高中英语阅读教学的重要目标之一。教师通过直接引用和讲解经典的英语文章，可以帮助学生理解和内化其中所包含的优秀文化，如信仰、道德、家庭观念等。同时，教师还应引导学生学会从阅读材料中领会其背后的价值观念，并将其应用到实际生活中。

通过阅读优秀文学作品，学生可以了解和汲取优秀文化，形成正确的价值取向。教师可以引导学生阅读经典文学作品、优秀的历史故事等，通过深入挖掘作品中的文化内涵，帮助学生理解和欣赏优秀文化，同时培养学生对历史文化的敬畏之情。

三、通过深层阅读发展高阶思维、情感态度及丰富文化体验

深层阅读是指通过对文本进行多层次阅读和分析，深入理解其中的细节和内涵。在县域高中英语阅读教学中，教师应引导学生进行深层阅读，并通过针对性的问题和讨论来促进学生的高阶思维的发展。同时，通过阅读文本能够引发学生的情感反应，增强其对文化的体验和理解。

深层阅读是培养学生的高阶思维、情感态度以及丰富文化体验的重要手段。教师可以通过引导学生进行文本分析、语篇互动、情感共鸣等，使学生能够深入挖掘文化内涵，培养学生的批判思维、创造思维以及跨文化交际的能力。

四、引导学生提升对文化的包容度，正确看待文化差异

文化的多样性是世界的一种基本现象，学生需要培养对不同文化的包容度，正确看待文化差异。教师可以通过让学生阅读和讨论来自不同文化背景的文章，引发学生对其他文化的兴趣，以避免对其他文化的偏见和歧视。

培养学生对文化的包容度是培养学生文化意识的重要方面之一。教师通过引导学生了解不同文化的特点、传统以及价值观，帮助学生正确认识文化

差异，避免形成主观偏见或刻板印象。教师可以通过组织小组讨论、文化交流等活动，让学生多角度、多层面地了解不同文化，进而尊重不同文化。

五、用英语讲好中国故事，增强家国情怀和文化自信

在县域高中英语阅读教学中，教师应当注重讲述中国故事，帮助学生了解中国的传统文化、历史故事以及优秀的文学作品。教师通过与学生一起探究中国传统文化的内涵和历史故事的背景，可以增强学生对中国文化的认同感和自豪感。此外，教师还可以通过开展文化体验活动、文化展览等形式，让学生亲身参与，感受中国文化，增强学生的家国情怀和文化自信。

六、创设情境激活文化背景知识，赏析语篇挖掘文化内涵

在县域高中英语阅读教学中，教师可以创设情境，激活学生已有的文化背景知识，并引导学生赏析语篇，挖掘其中的文化内涵。教师可以选取具有代表性的文学作品、历史故事等，通过阅读文本和分析文本，让学生了解和理解其中所包含的文化元素，以及这些文化元素对故事情节和人物形象的影响。

七、以迁移创造强化文化意识，实现文化迁移

迁移创造是培养学生文化意识的有效途径之一。在县域高中英语阅读教学中，教师应鼓励学生在学习英语的同时，将所学的知识和技能应用到实际生活中，实现文化迁移。教师可以设计一些与学生日常生活相关的任务，要求学生使用所学的英语知识进行创造性的交流和写作。教师通过让学生运用英语来表达自己对文化差异的理解、对文化交流的看法，可以促进学生的思辨能力和批判思维的发展，同时增强学生的跨文化交际能力。

八、以讨论任务为载体增强文化意识

讨论任务是县域高中英语阅读教学中常用的教学方法之一。通过讨论任务，教师可以引导学生对文本进行深入的思考和讨论，从而增强学生对文化的认识和理解。

九、结论

在县域高中英语阅读教学中，重视文化意识是培养学生语言能力和文化意识的重要途径。通过基于文化知识进行文化比较、优秀文化内化、深层阅读等方式，可以帮助学生形成正确的价值取向，培养高阶思维、情感态度和丰富文化体验；通过创设情境、赏析语篇等方法，可以激活学生的文化背景知识，引导学生挖掘文化内涵；通过讨论任务等活动，可以增强学生的文化意识。这些探索和实践有助于培养学生的英语能力和文化意识，提高他们在国际交流和合作中的竞争力。

参考文献

［1］张冬梅. 文化意识视域下的县域高中英语阅读教学策略研究［J］. 山东教育学院学报，2017（6）.

［2］张丽. 文化意识视域下的县域高中英语阅读教学探究［J］. 课程教育研究，2016（4）.

［3］孙琳. 文化意识视域下的县域高中英语阅读教学新模式探究［J］. 外语教育研究，2018（2）.

［4］赵莉莉. 文化意识视域下的县域高中英语阅读教学策略研究［D］. 上海：华东师范大学，2019.

［5］施飞. 文化意识视域下的县域高中英语阅读教学策略研究［J］. 实验科学与技术，2017（9）.

中华优秀传统文化在县域高中英语阅读教学中的应用探究

中国是一个拥有悠久历史的国家，有着丰富的传统文化。然而，在现代化的进程中，中华优秀传统文化受到了一定程度的冲击和忽视。为了保护和传承中华优秀传统文化，各级教育部门已将其列为教育的重点内容。在英语阅读教学中融入中华优秀传统文化，可以培养学生正确的文化价值观，并让他们成为中华优秀传统文化的传播者。中华优秀传统文化作为我国文化宝库中的重要组成部分，是我国民族精神的重要体现。然而，随着全球化的影响，中华优秀传统文化正面临着日益严峻的挑战。在这样的背景下，将中华优秀传统文化融入英语阅读教学中，对于学生树立正确的文化价值观，保护并传承中华优秀传统文化具有重要意义。本文将探究中华优秀传统文化在县域高中英语阅读教学中的应用，并结合实际教学案例，对中外文化进行对比分析，开展读后拓展活动以确保读写一体化得到有效加强。

一、中华优秀传统文化在英语阅读教学中的应用

（一）树立正确的文化价值观

英语阅读教学是培养学生语言素养和文化修养的重要途径之一。在县域高中英语阅读教学中，教师可以通过选择有关中华优秀传统文化的阅读材料，让学生了解中华传统价值观念，树立文化自信。例如，在阅读中国古代经典文学作品时，学生可以深入了解中国传统的美德和伦理观念，如孝顺、忠诚和融汇、中庸等。通过学习经典著作，学生可以更好地理解中华优秀传统文化并树立正确的文化价值观。

作为一种特殊的价值观念体系，中华优秀传统文化融入英语阅读教学

中，可以让学生在阅读过程中了解到中国人的思维方式和价值观念，从而加深对中华优秀传统文化的认识和理解。

（二）成为传播中华优秀传统文化的使者

在县域高中英语阅读教学中，教师可以通过选取具有中华优秀传统文化元素的阅读材料，让学生了解中华传统文化的独特魅力，并培养他们将中华优秀传统文化传播给世界的意识。例如，在阅读中国传统故事和民间传说时，学生可以通过研究和分析这些故事中的文化元素，如神话、传统节日和习俗等，来了解中国文化的多样性和丰富性。学生还可以参与国际文化交流活动，与外国学生分享中华优秀传统文化，提升外国人对中国文化的认知，激发他们对中国文化的兴趣。

通过英语阅读教学，学生不仅可以了解中华优秀传统文化，更可以成为中华优秀传统文化的传播者。通过对有关中华优秀传统文化的文本的阅读和理解，学生可以将所学的知识传播给其他国家和地区的学生，促进中华优秀传统文化的传承和发展。

二、中华优秀传统文化与外国文化的对比分析

（一）文化传统的差异

中华优秀传统文化与外国文化在文化传统方面存在差异。中华优秀传统文化注重传统与现代的融合，强调儒家思想和道家思想的交融。而外国文化通常以个人主义和自由意志为核心，强调个体的权利与自由。

（二）价值观念的差异

中华优秀传统文化与外国文化在价值观念方面存在差异。中华优秀传统文化重视家庭、孝道、忠诚等传统价值观念，强调人际关系和社会和谐。而外国文化往往强调个人利益和竞争，注重自我实现和个人追求。

三、中外文化对比分析在英语阅读教学中的应用

中外文化对比分析是培养学生跨文化意识和文化理解能力的重要方法之一。在县域高中的英语阅读教学中，教师可以选取中外文化之间存在对比和关联的阅读材料，让学生通过对比分析，深入理解中外文化的异同之处。例

如，在阅读关于中国与其他国家的文化差异的文章时，学生可以通过对比分析，了解中国文化与其他国家文化的差异，并思考背后的历史、社会和价值观念等因素。通过这种对比分析，学生可以培养出色的文化适应能力和国际视野。

四、实施读后拓展以加强读写一体化在英语阅读教学中的应用

读后拓展是培养学生阅读兴趣和阅读能力的重要环节。在县域高中的英语阅读教学中，教师可以通过为学生提供相关的拓展材料和活动来加深学生对阅读材料的理解和应用。例如，在学习关于中国传统节日的阅读材料后，教师可以组织学生参与相关的校园活动，如制作传统食物、举办文化展览和演出等，让学生更好地感受中华优秀传统文化的魅力。通过这种读后拓展活动，可以将英语阅读与生活实践相结合，真正实现读写一体化的教学目标。

为了确保读写一体化的有效加强，教师可以在英语阅读教学中开展读后拓展活动，如写作、演讲、讨论等，引导学生对中华优秀传统文化进行深入思考和研究，培养其独立思考能力和表达能力。

五、实际教学案例

以《红楼梦》为例，在阅读英文版《红楼梦》的过程中，学生可以通过深入学习故事情节、人物形象和文化元素，了解中国古代文化的特点和价值观念。在读后拓展环节中，教师可以组织学生分析小说中的文化元素，如宴会礼仪、宫廷生活和传统婚礼等，并与现实生活进行对比，加深学生对中华优秀传统文化的理解，了解到中国人的思维方式和价值观念。

六、结论

在县域高中英语阅读教学中融入中华优秀传统文化，可以帮助学生树立正确的文化价值观，加深学生对中华优秀传统文化的认识和理解，并将其打造成为中华优秀传统文化的传播者。通过中外文化对比分析和读后拓展活动，在英语阅读教学中实现读写一体化，提高学生的阅读能力和文化素养。

参考文献

[1] 陈秀娟，胡乃平，黄佳琪. 中小学英语阅读教学方法比较研究［J］. 黔西师范学院学报，2017，35（6）.

[2] 郁晓明. 高中英语阅读教学中的中华优秀传统文化教育［J］. 中国学校图书馆，2018，6（10）.

[3] 陈静. 加强中华优秀传统文化的英语阅读教学研究［J］. 广东外语外贸大学学报，2019，41（4）.

[4] 王莉. 中华优秀传统文化教育研究［D］. 北京: 北京师范大学, 2007.

[5] 陈旭东. 英语教学中文化教育的探讨［J］. 山西教育学院学报, 2005, 21（1）.

[6] 冯文全. 中美文化差异对中学英语教学的影响［J］. 海南民族学院学报，2012，16（2）.

第二节　阅读教学策略的运用

浅谈形成性评价在县域高中英语阅读教学中的运用

形成性评价是指在学习的过程中，通过对学生的学习情况进行多角度、全面的评估和反馈，促进他们的学习和发展。在高中英语阅读教学中，形成性评价是不可或缺的一环。然而，评价的方式相对单一，评价的内容缺乏全面性和可靠性。本文旨在探讨形成性评价在县域高中英语阅读教学中的应用，提出促进学生学习和发展的评价方式。

教学评价是教学过程中不可或缺的一环，它对促进学生学习和教师教学起着重要的作用。然而，目前县域高中英语阅读教学中的教学评价存在一些问题，主要表现在评价方式相对单一，评价结果只注重考试成绩，评价内容不够全面、综合和可靠，评价过程中缺乏民主和以人为本的理念等方面。因此，本文将以浅谈的方式，探讨形成性评价在县域高中英语阅读教学中的应用，并提出相应的改进措施和建议。

形成性评价不仅着眼于学生的学习成绩，还注重学生的学习过程和学习方法，并提供及时反馈，促进学生的自主学习和自我发展。形成性评价应具备全面性、综合性和可靠性的特点，同时充分体现民主和以人为本的教育理念。

一、现状问题及调整立足点

目前，县域高中英语阅读教学中存在以下问题。

（1）评价方式相对单一。目前，教师多通过笔试、口试等形式对学生的阅读能力进行评价。这种评价方式忽略了学生的思维能力、创造力和批判性思维等方面的发展。

（2）评价内容缺乏全面性和可靠性。目前，教师在评价学生的阅读能力时，只关注学生的正确答案，而忽略了学生的理解能力、分析能力以及运用知识解决问题的能力等。这种评价方式不能全面和准确地反映学生的实际水平。

为了解决以上问题，需要从以下几个方面进行调整。

（1）引入多样化的评价方式。教师可以结合学生的实际情况，引入多样化的评价方式，如项目作业、小组讨论和口头报告等形式，从而全面评价学生的阅读能力和思维能力等。

（2）保障评价的全面性和可靠性。教师在评价学生的阅读能力时，应该注重学生的理解、分析、推理和创新等能力，以确保评价的全面性和准确性。此外，教师还可以引入评价标准和评价指标等工具，以提高评价的可靠性。

二、形成性评价的应用

为了保证评价的全面性、准确性和可靠性，可以采用以下形成性评价方式。

（一）自我评价

自我评价是形成性评价的重要组成部分，它能够激发学生的主动性和积极性。在高中英语阅读教学中，教师可以提供评价指标和相应的评价标准，引导学生对自己的阅读能力、理解能力和表达能力进行自我评价。例如，在一次阅读课后，教师可以要求学生写一篇反思作文，让学生对自己在阅读和理解过程中出现的问题进行思考，找出自己的优势和不足之处，并提出相应的改进措施。

（二）同伴互评

教师可以鼓励学生进行同伴互评，并提供相关的评价指标和指导意见。

学生可以以小组为单位，相互交流和互相评价。每个小组可以选出一位代表向组员提问，其他组员对回答者的表达能力、理解能力和思维能力等进行评价。同时，各小组还可以就阅读材料提出问题，组间相互交流和解答。

（三）教学点评

教师可以根据学生的阅读表现，对学生进行点评和总结，指出他们的优势和特长，同时提出相应的问题和不足。教师在点评中要使用鼓励性的语言，帮助学生树立自信心，激发其学习的动力。

通过以上形成性评价方式，可以有效促进学生的学习和发展，帮助他们提高阅读能力和思维能力，培养他们的创造性思维和批判性思维。教师可以在每节阅读课的末尾，对学生的阅读表现进行点评和总结。教师可以使用鼓励性的语言，指出学生在阅读中的优势和特长，同时提出相应的问题和不足。教师还可以提供一些建议和解决方案，帮助学生改进阅读能力。

三、教学实际案例分析

以高一英语阅读教学为例，教师可以采用以下形成性评价方式。

（一）自我评价

学生在阅读课后，可以通过填写自我评价表格来了解自己的阅读能力，发现自己在阅读中存在的问题。表格包括问题部分和解决方案部分。学生可以在问题部分写下自己在阅读中遇到的困难和问题，然后在解决方案部分提出相应的解决方法。

（二）同伴互评

同伴互评是形成性评价中的重要环节，它可以促进学生之间的合作与交流，帮助学生从不同的角度去思考问题。在高中英语阅读教学中，学生可以分为多个小组，每个小组互相交换作业，进行批阅和点评。通过同伴互评，学生可以学会倾听他人的意见和建议，从而提高自己的阅读能力和理解能力。

（三）教师点评

教师点评在形成性评价中起着总结和收尾的作用。在高中英语阅读教学中，教师可以针对学生的阅读速度较慢，提出加强阅读训练的建议；对于理解难度较大的文章，可以提供更多的指导和解释，帮助学生更好地理解文章的主旨和要点。

四、实施形成性评价的策略和建议

（一）培养学生的自主学习能力

形成性评价注重学生的学习过程和方法，因此，培养学生的自主学习能力至关重要。教师应鼓励学生主动思考、自主学习，提供积极的学习环境和丰富的学习资源，引导学生制定明确的学习目标和学习计划。

（二）增加多样化的评价方式

为了保障评价的全面性、综合性和可靠性，教师应该引入多样化的评价方式，如口头表达、书面作业、小组探究、项目展示等，以帮助学生全方位地展示自己的能力和水平。

（三）建立良好的互动和反馈机制

教师应积极与学生互动，倾听学生的声音和想法，及时给予学生反馈和指导。同时，学生也可以向教师反馈学习中的困惑和问题，教师可以根据学生的反馈进行适当的调整和优化。

五、结论

形成性评价在县域高中英语阅读教学中的应用有助于提高教学评价的全面性、综合性和可靠性。通过自我评价、同伴互评和教师点评，能够激发学生的学习动力和积极性，同时促进学生的自主学习和全面发展，并提高学生的阅读能力和思维能力。为了实施形成性评价，教师需要培养学生的自主学习能力，引入多样化的评价方式，并建立良好的互动和反馈机制。然而，形成性评价的应用还需要进一步完善和推广。教师应不断改进自身的评价方式和方法，提高评价的全面性和准确性。

参考文献

[1] 胡明. 形成性评价: 育人评价模式的理论与实践［J］. 科教文汇（中旬刊），2008（15）.

[2] 程云鹏，傅小兰. 系统评价观背景下的英语形成性评价现状［J］. 中

国对外语言教学，2013（4）.

［3］杨欢. 县域高中英语阅读教学中对形成性评价方式的探索与研究［J］. 教育时空，2018（4）.

［4］BROOKHART S M. Inside the black box: raising standards through classroom assessment［J］. Phi Delta Kappan, 1998，80（2）.

［5］BROOKHART S M. How to create and use rubrics for formative assessment and grading［M］. Alexandria Virginia：ASCD，2013.

［6］EARL L, TIMPERLE H, ADIE L. Understanding teacher professional learning: case studies of successful programs［M］. Corwin：Corwin Press，2009.

浅析读前预测在县域高中英语阅读教学中的运用

阅读是英语学习的重要组成部分，而预测是阅读理解过程中的关键技能之一。预测是指学生根据已知信息推测未知信息，它能够帮助学生提前建立对文本内容的期待和理解框架。因此，在县域高中英语阅读教学中，培养学生的预测技能是至关重要的。

本文旨在探讨在县域高中英语阅读教学中运用预测技能的有效性，并提出相关的教学设计及优化教学评价体系的建议。

一、预测教学策略的应用

（一）利用文章标题预测文本内容

文章标题通常是文本的概括和导向，能够给学生提供一定的线索，帮助学生预测文本的主题和大意。教师可以选择一篇较长的文章，让学生在阅读之前先尝试预测文章的主题和大致内容。学生可以根据文章标题和自己的背景知识进行推测，并提出自己的想法。随后，学生在阅读过程中可以对比自己的预测与实际内容，加深对文章的理解。教师还可以通过引导学生仔细观察文章标题，并提出一系列与标题相关的问题来引导学生进行预测。例如，教师可以问学生："根据文章标题，你认为该篇文章将会讲述什么？你有什么证据支持你的猜测？"

（二）利用主题句预测段落内容

主题句是段落中起导引作用的句子，可以帮助学生抓住段落的中心思想，从而预测段落的内容。教师可以选择一篇篇幅适中的文章，让学生在阅读之前先尝试预测每个段落的内容。学生可以根据段落开头的主题句和自己的背景知识进行推测，并提出自己对段落内容的预测。随后，学生在阅读过程中可以对比自己的预测与实际内容。对整个段落的内容有一个大致的了解，加深对文章的理解。教师可以教授学生如何识别主题句，并要求学生根据主题句提出一些与该主题相关的问题，并预测段落中将会出现的论据或例子。

（三）利用承接语预测生词的含义

在阅读过程中，遇到生词是常见的阅读障碍之一。利用承接语预测生词的含义是一种有效的阅读策略。教师可以选择一篇含有一定数量生词的文章，让学生在阅读前先尝试预测生词的含义。学生可以通过承接语、前后文语境等线索进行推测，并提出自己对生词的预测。随后，学生在阅读过程中可以对比自己的预测与实际含义，加深对生词的理解。例如，当学生遇到一个陌生的动词时，教师可以教授学生如何通过观察该动词前后的承接语来猜测其含义。这样的预测活动既可以扩展学生的词汇量，又可以增强他们的阅读理解能力。

（四）提问形式变化的循序渐进教学

在教学过程中，教师应该逐步引导学生变化提问的形式。一开始可以从简单的问题开始，如"文章的主题是什么？"。然后逐渐引导学生提出更具挑战性的问题，如“作者为什么持这样的观点？”。通过这样的循序渐进教学，逐渐培养学生的批判性思维和深入思考的能力。

（五）丰富学生的背景知识

丰富学生的背景知识可以帮助他们更好地理解文本。教师可以利用多种教育资源，如图片、视频、音频等来引导学生扩展他们的背景知识。例如，在阅读一篇关于历史事件的文章之前，教师可以展示一段相关的历史视频，帮助学生建立对该事件背景的了解。

二、教学设计及实施

在实施上述预测教学策略时，教师应注意形式上的变化，循序渐进地展开教学。首先，教师可以让学生尝试预测整篇文章的主题和大致内容；其次，可以逐渐进行段落的预测，帮助学生更好地理解段落的中心思想；最后，可以引导学生对生词进行预测，培养学生利用语境推测词义的能力。

此外，教师还可以利用多种教育资源丰富学生的背景知识。教师通过引入图片、视频、实物等作为辅助材料，让学生在阅读前先了解相关的背景知识，并利用这些背景知识进行预测。这样不仅可以提高学生的阅读理解能力，还能提升学生的学习兴趣。

三、教学评价优化

为了进一步激发学生的预测兴趣，教学评价体系也需要进行优化。在评价学生的阅读能力时，教师可以加入对学生预测能力的评价。例如，可以设置针对预测技能的相关题目，考查学生对文章主题、段落内容和生词含义的预测能力。教师可以在评价中给予及时的反馈和激励，鼓励学生在阅读过程中不断尝试预测，提高预测技能。教师可以采用多种形式的评估活动。例如，可以设计一份预测题的测验，并让学生通过预测文本内容来回答问题。此外，教师还可以通过课堂讨论、小组合作等方式来促进学生之间的合作和交流，使他们在预测活动中相互启发，激发他们的兴趣。

通过实际教学案例，本文验证了预测技能在提高学生的阅读理解能力方面的有效性。例如，在阅读英文小说前，教师可以引导学生预测情节发展和人物命运，提高学生的整体阅读理解能力。在阅读科普文章时，教师可以通过预测生词和概念的含义来提高学生对科学知识的理解能力。

四、结论

通过浅析县域高中英语阅读教学中的预测技能的运用，本文提出了利用文章标题、主题句和承接语等方法来训练学生的预测技能，并且探讨了变化提问形式、丰富学生背景知识和优化教学评价体系的方法。通过实际教学案例验证，预测技能在提高学生的阅读理解能力方面具有重要意义。教师在实际教学中应该注重培养学生的预测意识和技能，并运用多种教育资源来丰富学生的背景知识，以激发学生的预测兴趣。在县域高中英语阅读教学中，运用预测技能可以有效地增强学生的阅读理解能力和阅读兴趣。

参考文献

[1] 田月琴，于琳琳. 预测教学策略在英语阅读教学中的应用［J］. 语文建设，2018（6）.

[2] 张志雪，柴云. 高中英语阅读教学中运用“预测”的教学设计与实施［J］. 酒泉教育学院学报，2019，35（1）.

[3] 范静. 利用预测教学法提高英语阅读技能［J］. 汉语学习，2019（3）.

[4] BONNER S. The use of predictions in reading instruction［J］. Reading Horizons: A Journal of Literacy and Language Arts，2011，51（3）.

[5] LAI F Q. The effects of pre-reading activities on comprehension of EFL reading texts: a meta-analysis［J］. Reading in a Foreign Language，2015，27（2）.

[6] OGLE D. National council of teachers of English, U. S. K-W-L: a teaching model that develops active reading of expository text［J］. Journal of Reading，1986，30（7）.

[7] ROSENBLATT L M. The transactional theory of reading and writing [M]. Handbook of literacy and technology: Transformations in a post-typographic world，1995.

[8] TAYLOR B M, FRYE B J, MARUYAMA G M. Time spent reading and reading growth [J]. American Educational Research Journal，1990，27（2）.

第三节　浅析七选五阅读教学

县域高中巧用语篇意识破解七选五阅读教学

在现代社会中，语言是人们交流的重要工具，培养学生的语言能力和思维方式对于他们的全面发展具有重要的意义。语篇意识作为语言学习和思维发展的重要组成部分，对于学生的语言能力和思维方式的培养有着重要的作用。而七选五阅读是高中英语考试中常见的题型之一，它要求学生阅读一篇短文后，从多个选项中选择合适的句子填入空缺处，要求学生具备较强的语篇理解能力和推理能力。然而，许多学生往往只注重对单词意义和句子结构的理解，缺乏对整篇文章的全局把握能力，导致答题时往往容易出现错误。因此，培养学生的语篇意识，提高他们的语篇全局观和多角度思维模式，对于七选五阅读教学具有重要的指导意义。

本文将通过巧用语篇意识，培养多角度思维模式，以及从段落、句子和词汇的角度思考的方法，将语言学习与思维训练相结合，以期提高学生的阅读理解能力。

一、培养大观念的语篇全局观

语篇意识中的语篇全局观是指学生对于整篇文章的整体组织和结构的把握能力。对于学生来说，具备语篇全局观的能力，可以帮助他们更好地理解文章作者的意图，抓住文章的主旨，并从整体上把握文章的信息。因此，培养学生的语篇全局观具有重要的意义。

（一）引导学生关注文章的结构和组织方式

教师通过示范和解读，让学生了解文章的起承转合、总—分、因果、对比等常见的组织方式。教师可以提前给学生提供一些文章的结构框架，让学生在阅读时有针对性地去了解文章的整体结构。

（二）运用多媒体辅助教学

在教学中使用多媒体等工具，可以帮助学生更直观地理解文章的结构和组织方式。例如，通过使用思维导图等工具，将文章的大纲和结构呈现给学生，让学生更好地理解文章的整体概念。

（三）鼓励学生进行整体理解和总结

在教学中，教师可以“提问—讨论—总结”的方式来促进学生对文章的整体理解和总结。例如，教师可以设计一些问题，要求学生根据文章的内容进行讨论，并总结出文章的主旨和重点。

二、巧用语篇意识的重要性

巧用语篇意识即通过对语篇的理解，使学生能够提炼出文章的大观念和中心思想，从而更好地理解文章的细节，并能够准确地选择合适的选项填充空白。巧妙运用语篇意识可以帮助学生快速梳理文章的主要内容和结构，提高答题的准确性和效率。

在县域高中的英语教学中，很多学生存在对语篇的理解能力较弱的问题。这可能是由于缺乏阅读的积累，不熟悉语篇的结构和特点，也可能是由于对重点句子和单词的重视程度较高，而忽视了文章的整体逻辑关系。因此，教师在教学中应重视培养学生的语篇意识，引导学生从大观念的角度去理解文章，以提高学生的阅读能力。

三、多角度思维模式的培养

多角度思维是指学生在阅读和理解文章时，能够从不同的角度来思考问题，具备多样化的解决问题的方法和策略。培养学生的多角度思维模式可以帮助他们提高解决问题和思考的能力，从而更好地理解文章的含义和信息。

多角度思维模式即能够从不同的角度去思考问题和分析问题，具备多样化的思维方式。在七选五阅读教学中，学生需要从不同的角度去理解文章的内容，同时需要从不同的选项中选择最合适的填空答案。因此，培养学生的多角度思维模式非常重要。

教师可以通过教学案例分析、讨论和小组活动等多种方式来培养学生的多角度思维模式。例如，教师可以根据实际的七选五阅读材料，设计相关问题让学生进行讨论和分析，从而培养学生从不同的角度去思考问题的能力；也可以设计小组活动，让学生分组合作，共同解决问题，从而激发学生的思维潜能。

通过培养多角度思维模式，学生可以更好地理解文章的内容，准确选择选项填空，从而提高答题的准确性和效率。

（一）引导学生进行分析和推理

在教学中，教师可以通过阅读和分析一些有关主题的文章，引导学生进行推理和思考。例如，教师可以提出一些问题，要求学生根据文章中的信息和细节进行推理，进而形成自己的观点和判断。

（二）提供多样化的解决问题的方法和策略

在教学中，教师可以通过教授不同的解题方法和策略，培养学生的多角度思维。例如，教师可以向学生介绍一些解决问题的启发性方法，鼓励学生从不同的角度和维度来分析问题，并给予学生实践的机会。

（三）创设合作思考的场景

在教学中，教师可以设置小组讨论或合作解题的任务，鼓励学生从不同的角度和思维模式来思考问题，并进行合作探讨。通过合作思考，可以促使学生从不同的角度去理解文章的信息和含义，培养他们的多角度思维模式。

四、从段落、句子和词汇的角度思考的能力培养

在七选五阅读教学中，学生需要能够从段落、句子和词汇的角度去分析文章，准确地选择填空选项。从段落、句子和词汇的角度思考是指能够从文章的段落、句子和词汇中获取信息，理解文章的内涵。

教师可以通过分析教学案例、练习和模拟测试等方式来培养学生从段落、句子和词汇的角度思考的能力。例如，教师可以给学生提供一些段落及

与其相关的问题，让学生从段落中找出关键信息，从而推测文章的主题和中心思想，也可以让学生通过分析句子和词汇的用法来判断选项正确与否。

通过培养从段落、句子和词汇的角度思考的能力，学生可以更好地理解文章的内容，准确选择填空选项，提高阅读理解的水平。

（一）教导学生寻找段落之间的联系

学生可以通过挖掘段落之间的联系来理解文章的整体组织和思路。例如，教师可以要求学生按照文章的逻辑顺序，将段落之间的逻辑关系进行梳理，帮助学生更好地理解文章的结构和整体意义。

（二）培养学生分析句子结构和句子之间的关系

学生可以通过分析句子的结构和句子之间的关系来理解文章的主旨和细节。例如，教师可以提供一些句子，让学生分析句子的结构和句子之间的关系，通过总结归纳，培养学生对句子的理解能力和推理能力。

（三）引导学生关注词汇的重要性

在阅读教学中，词汇是理解文章的重要组成部分。教师通过教授一些重要的词汇和词组，可以帮助学生更好地理解文章的含义和信息。教师还可以提供一些词汇扩展的练习，让学生通过学习新的词汇，提高阅读能力和词汇运用能力。

五、语言学习与思维训练的结合

语言学习和思维训练是密切相关的，两者相互促进。在县域高中英语教学中，教师应将语言学习与思维训练相结合，帮助学生提高语言运用能力的同时，培养学生的思维能力。

教师可以通过绘制思维导图、总结归纳和扩展联想等活动，将语言学习和思维训练结合起来。例如，在七选五阅读教学中，教师可以让学生以绘制思维导图的形式，将文章的关键信息和结构进行整理和分类，帮助学生更好地理解文章的内涵和结构。教师还可以通过开展扩展联想活动，让学生从不同的角度去思考问题，培养学生的创新思维和批判性思维。

六、案例分析

为了更好地说明如何巧用语篇意识破解七选五阅读教学，以下给出一个具体的案例分析。

（1） Nowadays, more and more people are using mobile phones to surf the Internet. (2) With the development of technology, accessing the Internet through mobile phones has become a trend. (3) There are several advantages of using mobile phones to surf the Internet. (4) First of all, it is convenient for people to access the Internet anytime and anywhere. (5) No matter where people are, they can easily connect to the Internet and get the information they need. (6) Second, surfing the Internet on mobile phones is time–saving. (7) Instead of turning on computers and waiting for them to start, people can directly use their mobile phones to access the Internet. (8) Finally, using mobile phones to surf the Internet can save money. (9) People don't need to pay for Internet access or use Internet cafes anymore. (10) In conclusion, using mobile phones to surf the Internet is a convenient, time–saving and cost–effective way.

问题如下：

以下选项中，最能准确地概括文章的内容和作者的观点的一项是（　　）。

A. Therefore, more people are choosing mobile phones to access the Internet.

B. In recent years, mobile phones have become more popular among young people.

C. As a result, people can enjoy the benefits of mobile phone Internet anytime and anywhere.

D. As technology continues to develop, more people will use mobile phones to access the Internet.

E. In addition, mobile phones offer various functions such as taking pictures and playing games.

在这个案例中，学生需要从段落的角度去理解文章的内涵，从而准确地选择答案。通过分析文章的内容，我们可以发现文章主要讨论了使用手机上网的优势，而选项C“因此，人们可以随时随地享受手机上网的好处”最能准确地概括文章的内容和作者的观点。因此，为了更好地理解以县域高中巧用语篇意识破解七选五阅读教学的方法和策略，我们以一篇真实教学案例进行分析。

教师在七选五阅读教学中，选择了一篇关于环保的文章。教师首先介绍了文章的主题和背景知识，然后引导学生阅读全文，接着提出一些相关的问题进行讨论。其次，教师分析了文章的整体结构和组织方式，并引导学生进行整体理解和总结。在解题过程中，教师提醒学生注意段落之间的联系和句子之间的关系，帮助学生选出正确答案。最后，教师进行词汇教学，引导学生关注关键词汇的重要性，并提供一些相关的词汇练习，帮助学生巩固词汇知识。

通过这样的教学，学生既可以了解巧用语篇意识破解七选五阅读教学的方法和策略，又可以提高语篇意识和解题能力。

七、结论

通过巧用语篇意识破解七选五阅读教学的方法和策略，可以帮助学生培养大观念的语篇全局观，培养多角度思维模式，从段落、句子和词汇的角度思考，将语言学习与思维训练联系在一起。通过案例分析，可以更好地理解这些方法和策略的应用和作用。希望本论文对于县域高中巧用语篇意识破解七选五阅读教学有所启发，对于学生的语言学习和思维发展有所帮助。

通过培养县域高中学生的巧用语篇意识，可以帮助学生更好地理解文章的内容，准确选择答案。同时，通过培养学生多角度思维模式和从段落、句子和词汇的角度思考的能力，可以进一步提高学生的阅读理解能力。将语言学习与思维训练相结合，可以加强学生的语言运用能力和思维能力。通过案例分析，我们可以看到如何利用这些方法破解七选五阅读教学，并提高学生的阅读理解能力。

参考文献

[1] 陈丽萍. 从新课程标准看高中英语阅读教学 [J]. 教师工作研究，2008（2）.

[2] 吕山. 语篇意识培养对英语阅读的影响 [J]. 外语界，2011（3）.

第三章

第一节　以读促写　读写整合

高中英语以读促写教学探究

英语的写作体现了英语教学从输入到输出的过程中能力迁移的程度。《普通高中英语课程标准（实验）》对学生的写作提出了高要求，它要求学生具有的不是简单的语句输出能力，而是语篇能力。学生想要提高写作能力，不仅要有大量的练笔，还要有广泛而有效的阅读基础。读可以给写以更多的启发，能读然后才是会写，而善读并好读才能迅速提高写作水平。只有大量地阅读欣赏以及写作练习才能有效地提升学生综合使用语言的能力。

一、读写结合形式探究

近年来，读写结合的教学理念已经不再是语文学科的专利，在英语教学中也引起了探究。在高中英语教学中，许多教师都尝试通过将阅读与写作结合在一起来培养学生的读写能力。尤其是2014年江苏高考的书面表达采用了读写型作文的形式，更是促使了江苏教师对以读促写、以写促读的教学形式的探究。笔者从不断的教学实践中总结了以下的一些方法。

（一）从书本佳句的仿写开始

宋代朱熹曾说："古人作文作诗，多是模仿前人而作之。盖学之既久，自然纯熟。"这种模仿创造，是写作技能形成与提升的根本之路。仿写（imitating writing）是指导学生模仿英语中比较精彩的词句、段落进行写作，以提高其英语写作水平。高中学生在英语写作时最主要的问题是不能以恰当的形式表达。教师在教授时，可以帮助学生进行归纳，创设情境助其练习巩固。

1. 仿写

课文中有许多句型优美而实用，如M3U1 Project中的句子“There is nothing ambiguous about Australians' love of sport.”（澳大利亚人热爱体育，这点毫无疑问）在写作中完全可以利用起来。例如，在写关于溺爱孩子话题的作文时，有学生就写道“There is nothing ambiguous about parents' love for children, but we can't take their unconditional love for granted.”。又如，在写关于环境话题的作文时，也可以用到这个句型：“There is nothing ambiguous about the severe consequences brought about by pollutions.”。

2. 仿中有创新

在仿写中，教师应该指导学生结合所学的词汇和句型，创造性地组合与表达，如对于在M3U1 Project中学到的词汇，a must（是必须的）和considering（考虑到）等，可以创设情境让学生学会使用。例如，在写环保话题作文时，有学生这样写“Considering the gravity of the environmental pollution, it is a must to call on individuals and the government to work together to work out practical solutions.”。在这句话中，学生有效地结合了所学的短语：a must、call on、work together、work out等，使这句话显得丰满而有意义。

仿写，不是单纯地模仿，而是在积累词汇的基础上有效地结合所学的词汇和句型，根据相关话题，组织成有新的含义的句子。英语的书面表达，偏爱词组和句型的合理搭配，而课文正是各种作文话题的来源，也是使用短语和句型的来源，因此，教师一定要在教学过程中强调词组和句型的积累和模仿使用，以便更好地帮助学生提升写作水平。

（二）从课外阅读的拓展提升

英语思维的生成来源于大量的阅读。学生在平时的学习中能接触大量的阅读材料，如练习中的完形填空、阅读理解、任务型阅读、书面表达范文、英文报刊、《新概念英语》教材等。大量的课外阅读，不仅仅是解题能力的训练和提升，也不仅仅是视野的开阔，更多的是帮助学生不断地学习、不断地复习、不断地思考。通过对阅读材料中词句的认真推敲，有助于提高语言运用的准确性，从而提高写作能力。

1. 词汇的拓展

从学生的习作来看，学生主要存在的问题是词汇量不够，尤其是能熟练提取使用的词汇还停留在较低的水平。例如，在书面表达中想要表达“学生沉迷于网络游戏，不能专注学习”时，大多数同学用的是这样的句子“Students like playing computer games and can't study carefully. ”。这句话所用的词汇简单，句型也仅是两个简单句所构成的并列句而已。通过词汇的积累，我们可以这样来改“Students are addicted to computer games and fail to concentrate on their studies. ”，或是“Addiction to computer games leads to students' failing to centre on their studies. ”。通过句型的改善，我们还可以这样写“Students are so addicted to computer games that they fail to concentrate on their studies. ”。这是一个由so... that...引导的结果状语从句。学生通过高级词汇的运用可以提升整句话的水平，如表示“面对”，从face到be faced with到be confronted with的层层递进改善，可以显示出学生词汇掌握的能力；如表示“过早接触网络”，从surf the Internet at a very young age到have access to the Internet early到be exposed to the Internet / early exposure to the Internet, 从最常用的短语到expose / exposure这类更具文学性的用词，可以看出后者会更吸引他人的目光。

因此，词汇的拓展不是单纯地背诵更多的单词，而是有单词的分类汇总，运用搭配。例如，《新概念英语》第三册Unit 1中的词汇有oblige（使……感到必须）、convince（使……信服）。oblige的基本用法是be / feel obliged to do sth以及have the obligation to do sth，与所学的短语have the responsibility / duty to do sth是相同的意思。这时应将这些表达方式归纳到一起，还可以进行拓展为It's one's obligation / responsibility / duty to do sth或We should shoulder / take on / bear the responsibility / obligation to do sth。而convince 的基本用法是convince sb of sth或convince sb that +clause 或sb be convinced of / that + clause，与所学的make sb believe sth意思相同，这些可以归纳到一起，还可以拓展为“Convinced / Believing that he is right, I will stand by his all the time. ”，这是非谓语动词的用法。也就是说，一个单词的学习，

应该以开枝散叶的方式来进行，要关注词形变换，同义、近义、反义，固定搭配，在句中的灵活运用等。

2. 句型的拓展

词汇必须被正确运用到句中才算是被真正掌握。因此，除积累词汇，学生还必须积累句型。写作时，母语的负迁移常常会影响学生的表达。Tom Scovel (2001)指出，当两种语言在某种结构上出现不同时，不同点往往成了学习者的难点所在，此时就容易出现负迁移的现象。为了避免汉语的干扰，学生必须通过大量的阅读积累常用的地道的句型，反复复习并熟练使用，才能快速有效地提高写作水平。

上文提到“学生沉迷于网络游戏，不能专注学习”的英文表达，学生最擅长的是简单的并列句“Students like playing computer games and can't study carefully.”，而最常用的复合句如状语从句、定语从句等不能熟练且正确地使用。正如此句完全可以用so... that...（如此……以至于……）连接成句“Students are so addicted to computer games that they fail to concentrate on their studies.”。复合句句型在课外阅读材料中比比皆是，如《新概念英语》第三册的Lesson 22第一句话就是“Some plays are so successful that they run for years on end.”（有些剧目十分成功，能连续上演好几年）。以此类推，Lesson 23中“The sad truth is that most of us have been brought up to eat certain foods and we stick to them all our lives.”（不无遗憾的是，我们中大部分人生来只吃几种食物，而且一辈子都这样），这一句中运用了表语从句、并列句、非谓语动词。就有同学这样仿写活用“The sad truth is that some tourists don't attach importance to environmental protection, spitting and littering everywhere.”。

在句型的拓展巩固中，英汉结构的对比是不可或缺的，只有通过英汉两种语言表达方式的对比，才能感悟英语思维的特点，培养用英语思维的习惯，减少生硬翻译的现象。

3. 观点的拓展

学生习作中还会出现一些问题，如思想观点匮乏，写出的文章没有思想，逻辑性不强等。教师必须强调大量的阅读，不仅仅是词汇句型的积累，还要有思想观点的归纳与提炼。只有广泛地阅读，不断地吸收各种信息，并接触大量地道的英语，才能排除母语干扰，写出地道的有内涵的文章。例如，在读到关于压力的文章时，因为学生担负着极大的学习压力，所以可以归纳出针对“学生应该如何缓解压力”这一话题的观点，如“chat with our friends and partner; have a good cry; listen to encouraging music; go for a walk, a jog or ride a bike; take a deep breath and relax; watch TV or a funny movie.”。随着各个话题的各类信息的积累，学生再遇到相关题目时自然就能手到擒来。

（三）从实例练习切入

“光说不练假把式”“曲不离口，拳不离手”，适当的练习对于提高学生的写作水平是必不可少的。通过一个单元的学习，可以创设类似的情境，帮助学生熟悉话题，练习使用所学的词汇和句型。在学完这个单元后，教师提供了一篇练习文：假设你是李华，最近《21世纪报》“你说我说”栏目正在讨论历史遗址是否应该重建，请你根据以下提示给该栏目的编辑写一封信，反映你班讨论的情况，并谈谈你个人的看法。

表3–1–1

60%的同学赞成	40%的同学反对	你的看法
1.历史遗址是全人类的共同财富，我们有责任去保护它们； 2.历史遗址反映了某一特定时期的历史和文化，有助于教育子孙后代； 3.重建历史遗址可以促进当地旅游业的发展，是资金的重要来源之一	1.重建历史遗址需要投入大量财力和人力； 2.重建历史遗址会带来更多的破坏； 3.大量的游客可能会造成交通堵塞	……

学生通过这篇习作，既了解了话题，又熟练了一些表达方式，如“the need to preserve the world's cultural heritage; cause gradual damage to; bring... back to its former glory; in a gesture to; result in more potential damage to; lead to increased tourism; an important source of money...”。

此外，每周的综合练习中必有一篇书面表达的练习，教师通过对学生习作的批改、讲解使学生了解自己的问题所在；发放范文，要求学生进行阅读，对比其观点、结构、词汇的运用，找到自己可学之处；通过对范文的背诵和默写，再次加强学生的理解和运用，进一步帮助学生积累知识，提升写作能力。

（四）从自评互评改善

《普通高中英语课程标准（实验）》指出，高中英语课程的设计与实施要有利于学生优化英语学习方法，使他们通过观察、体验、探究等积极主动的学习方法，充分发挥自己的学习潜能，形成有效的学习策略，提高自主学习的能力。学生通过自评互评来改善写作正是一种积极主动的学习方式。自评，就是认真阅读自己的作文，从单词拼写、词汇的恰当使用、时态语态、串联词、句型结构、句意逻辑性等方面进行修改润色。互评，就是学生相互阅读他人的作文，再次从以上所提的几个方面进行修改润色。通过自评、互评，学生既能认识到自己的不足之处，也能从其他习作中学到有用之处。经常进行自评互评的阅读修改活动，既发挥了学生自主学习的潜能，也有利于提高学生阅读与写作的能力。

二、结语

英语学习的经验告诉我们，要培养学生的语言能力，阅读是不可缺失的一个环节。学生通过大量阅读，扩大了词汇量，积累了实用而优美的句型，了解了相关话题的思想观点，在不断的练习讲解和自评互评中，写作能力将大幅提高，同时在英语语言知识、文化知识和语言运用能力方面均得到一定的发展。

提高学生的写作水平，不是一个单一的学习任务，它必须与英语阅读有机地结合在一起，以读促写，以写促读，读写结合，才有可能提高学生的学习能力，真正全面地提升英语素养，为学生的终身学习打下良好的基础。

参考文献

[1] 中华人民共和国教育部. 义务教育英语课程标准（2011年版）[M]. 北京：北京师范大学出版社，2011.

[2] 陈兴华. 中学英语写作教学中母语的负迁移现象及应对策略探究[J]. 中学外语教与学，2014（1）.

[3] 张青青. 从同课异构角度分析有效的高中英语读写课教学[J]. 中小

学外语教学（中学篇），2011（7）.

［4］曹敏. 以读促写循序渐进［J］. 中小学外语教学（中学篇），2011（2）.

［5］教育部. 普通高中课程标准实验教科书　英语9　选修［M］. 北京：人民教育出版社，2006.

［6］亚历山大，何其莘. 新概念英语3［M］. 北京：外语教学与研究出版社，1997.

高中英语读写整合教学初探

一、问题的提出

高中英语写作一直是令师生头疼的问题。在平时的单元教学中没有进行专题的写作训练，写作教学通常采用“教师布置题目，学生写，教师批改讲评，学生读背范文”的模式。学生在写作前没有相关话题的语言输入，导致无话可说或者词汇缺乏、条理不清、结构混乱等。这样的写作课费时低效，学生不愿写，教师也不愿上写作课。

新课程改革的实施给我们带来了从未有过的挑战和全新的思考，教师不再停留在知识的传授上，而是充当真正的引导者，引导学生主动参与，同时，将自主探究与合作学习相结合，使学生真正成为学习的主人，从而提高课堂的有效性。

如何在新课标背景下有效地进行英语写作教学成了我们经常探讨的问题。根据新课标理念，英语写作教学改革就是为了提高写作的教学效果，教师不仅要更新写作教学观念，优化写作教学过程，促进学生有效地学习，还要培养学生主动学习意识，提高学生学习写作的兴趣和参与度，让各层次学生都能亲身经历合作学习和知识建构的过程。自2010年重庆进入高中新课改阶段以来，笔者参加了第二届新课程培训，学校也组织教师学习了山东省的教改经验，同时不断地向其他兄弟学校学习。在教学实践中，笔者也在最令人头疼的写作课上进行了一些探索和尝试。

二、读写结合在教学中的实际运用

（一）教师要研究新课标，研究高考动向，制订高中三年写作教学的系统性规划

新课标要求：要培养学生的综合语言运用能力；要特别重视提高学生用英语获取信息、处理信息和传达信息的能力，分析问题和解决问题的能力，以及用英语进行思维和表达的能力。写作能力训练是发展学生思维能力和表达能力的有效途径，也是衡量教学效果的标准之一。在英语写作教学中，教师应从审题、篇章结构、句式、选词、拼写和标点符号等方面对学生进行指导。

笔者分析了近三年部分课改省市的书面表达题型：书面表达由两部分组成，一是情景作文或读写结合任务，二是根据提示作文。总的高考写作的趋势是，书面表达更开放，难度加大，词汇量增加，更侧重考查学生语言概括能力，强调读写任务相结合。这就要求学生有扎实的基本功，以及一定的发散思维能力。高中英语教材贯彻了“以人的发展为根本”的宗旨，充分体现新课程理念：以学生为本，倡导体验、实践、参与、合作与交流，让每个学生都有成功的喜悦。

新课标指出，教师要善于结合教学实际需要，灵活地、有创造性地使用教材，对教材的内容、编排顺序和教学方法等进行适当的取舍和调整。这就是常说的对教材的第二次开发。教师结合教材内容，通过过程性写作的训练，让学生练习与主题相关的多种文体的写作，包括非正式信函、日记、评论、记叙文、说明文等。笔者认为利用好教材，有助于提高学生的写作能力，以及语言综合运用能力，让学生更好地应对高考。

记得杨晓钰教授在一次培训会上说：写作的目标一定要Specific、Measurable、Achievable。

基于以上分析，笔者在高一就制订高中写作教学三年系统性规划：高一，句子为主；高二，段落为主；高三，篇章为主。整个过程穿插各种文体

的训练，进行过程性写作教学。

高一，认识巩固初中学的5种基本句子结构；与句子结构相关的单句翻译训练，扩句或并句训练；对教材中的句子进行改写、仿写。

高二，有了高一的基本句子结构训练，高二的目标主要是教会学生写好文章的主体部分，能够使用过渡词使语段具有连贯性。具体做法：改写对话，课文的缩写、扩写与续写，仿写段落，等等。

高三，上学期仍然要继续段落篇章的练习，高三下学期要结合高考备考进行各种文体熟练运用的有效训练，介绍高考常见的文体及写作技巧，分析历届高考的写作题型、要求。

（二）挖掘教材，按照教学规划，将写作与阅读结合起来设计教学

高中英语教材倡导“注重过程式”(the Process-focused Approach)写作教学，建议采用“三段式的过程性”(Pre-writing—While-writing—Post-writing)写作教学。

在写作之前，首先要激活学生的灵感，激发其兴趣，因此，很有必要为学生创造一个很有吸引力的语境。我们利用图片、师生照片、音乐、自制的有关学生现实生活的VCR、教具、故事等激活学生与题目有关的背景知识，帮助他们挖掘题材，打开学生头脑中的知识库，促进学生明确写作目的和对象以及构思写作内容。

只要我们为学生的写作做好语言素材、句子结构的铺垫，即为学生的写作搭好梯子。学生就能够动笔写，并且写出适当的句子和段落。

Book 2 Reading and Further Reading读后练习中有几个常用句型，我先让学生进行口头练习、单句翻译和仿写句子，然后写下来。第二天，我利用课前5分钟进行检查，看学生是否已经熟练掌握了这几个句型。每个单元学完后，周周清就会考查本单元的重点句子或句型。

Book 2 Unit1 Reading 中出现了过渡词firstly、secondly、finally，我首先结合实际，设置真实语境，抛出问题“How can I learn the broadcasting gymnastics?”，学生会很积极地告诉我该怎么做。然后我创设另一情境，请学生学用这三个过渡词说出the ways to learn English well。

Unit3 Reading the story of two pots。读前，我在黑板上画出简笔画，请

学生描述这幅图,然后请学生猜我们将要阅读的故事。读后，Write a summary. Pair work。要求：先口述，一人先说，老师叫停，换另一人续说，依次进行，学生控制时间和节奏，然后动笔写（5 minutes，50 words）。

学完Book3 Unit1 Reading how Americans view friendship后，我会让学生续写这个故事："If you were Yaser or Steve, what would you do in this case?"（3minuter，15 words）。写作对于学生来说，并不是一件简单的事。如果每次让他们按照高考要求写100多个词，他们会discouraged。 给时间限制或字数限制，会让学生感到更有挑战或有趣。

Unit 2 Writing部分是"Write an open-ended composition after studying the picture. "。书上的步骤是先看图，回答问题，然后根据问题，写一篇开放性结尾的作文。考虑到我的学生基础较差，完成这项任务较难，因此，我另外设计了一个有趣的小组活动——continue the story。每小组6人，一组一张白纸，给学生一个开头句"There is a bird nest in a tree. "。一个学生根据图片在纸上写一个句子，写完后遮住第一句话，第二位学生只能看见前一句话。当六位学生完成后，展开这张纸，你会发现这是很有意思的段落。这个活动很好地调动了学生的写作兴趣和积极性，培养了学生的发散式思维，同时训练了句子的写作。

Unit 2 Further-Reading a TV interview on Jane Goodall的读后任务是把对话改写为一段话(用第三人称): 介绍Jane Goodall(60 words)，然后组内互评，选出优秀文段，利用投影仪进行展示。

对于应用文的写作练习，我通常是结合师生实际生活，设置真实语境。这样能够吸引学生兴趣，激发学生好奇心，让学生觉得很真实，有话可说。

经过一年半的读写结合的基础训练，学生最大的收获是在轻松快乐的氛围中练习了句子或小段落，他们不再惧怕写作；写作成了他们的习惯，而不是负担。在月考或期末考试中，即使是学英语最困难的学生都能动笔，写出一些简单的句子。成绩好些的学生，能用到一些典型的句型。从分数来看，这届学生的书面表达的平均分比以往几届同期高一些。

三、结语

克拉申的输入假说："写是输出的过程，是在前面多方式、多渠道的足够可理解的情况下而达到的自然输出。"记得2009年去上海听课时，陈锡麟老师说："学习过程就是从接触、熟悉、模仿到创造或应用的过程。"说写是输出活动，首先要有大量的输入活动，学生才会去模仿，去进行自我创造。

在英语学习中，读写是相互促进、相互依存的。教材为写作提供了丰富多样的素材，如相关的话题、词汇、句型、篇章结构等，老师应该对教材和新课标进行认真的分析研究，并结合学情，做出第二次开发。在阅读文本中进行写作教学策略的训练，激发了学生的写作兴趣，提高了学生的写作信心，从而提高了写作教学的有效性。

参考文献

[1] 教育部. 普通高中英语课程标准（实验）[M]. 北京：人民教育出版社，2003.

[2] 董越君. 利用阅读文本有效拓展写作教学 [J]. 中小学外语教学（中学篇），2012，35（6）.

[3] 吴西西. 读写结合 促进写作 [J]. 学园，2011（11）.

第二节　读探言模式

读解—探究—言说模式在县域高中英语读后续写教学中的视角探究

读后续写是高中英语教学中重要的一环，可以帮助学生提高语言综合运用能力和思维能力。然而，在县域高中英语读后续写教学中，常常存在教师忽视引导学生运用思维技能和学生语言僵化的问题。本文试图从教师和学生的角度分析这些问题，并提出相应的解决方案，以期提高县域高中英语读后续写教学的效果。

一、教师角度：过于注重机械操练，忽视思维拓展

（一）问题分析

在读后续写教学中，教师往往只注重学生对原文的翻译和语言操练，忽视了学生分析、质疑、批判、解释等思维技能的培养。这导致学生只是简单地复述原文内容，缺乏对文章深层理解和思考的能力。

从教师的教来看，读后续写在县域高中英语教学中常常变成了机械的文章翻译和语言操练的过程，缺乏引导学生运用分析、质疑、批判、解释等思维技能对文章进行深层的理解和思考。教师通常只关注学生的语言表达是否准确，忽视了学生对原文内容进行深入思考和个人创作的能力培养。

（二）解决方案

为了解决这一问题，教师可以采取以下策略。

（1）引导学生对原文进行分析。通过提问、讨论等方式，鼓励学生深入思考文章的主题、结构、情节等要素，帮助他们理解文章的含义。

（2）培养学生的批判思维。鼓励学生对原文中的观点、逻辑等进行评价和批判，培养他们独立思考的能力。

（3）引导学生进行创造性的延伸。通过设计相关问题，引导学生进行自由思考和发散思维，以促进他们在续写过程中展现创造性。

二、学生角度：语言僵化现象的解决

（一）问题分析

从学生的学来看，读后续写活动容易导致词汇、语法、语篇等语言僵化现象。学生在进行默写和朗读活动时，往往只是机械地模仿和重复原文的表达方式，缺乏自主思考和独立创作的能力。这种机械化的学习方式使得学生对语言的运用缺乏灵活性和创造性，难以形成自己独特的写作风格。

（二）解决方案

为了改变这种现象，读后续写教学应该借鉴“从读到写，以读促写”的理念，引导学生在读后续写过程中进行深入的理解和思考。首先，导读活动可以帮助学生获取文章背景信息，厘清故事脉络；其次，学生可以利用结构图梳理故事脉络，根据已知信息推断续写内容；再次，学生需要根据原文信息推断故事中每个发展节点的人物情感和特征，以获得故事的情感线索和创造性的延伸内容；最后，在写作过程中，学生可以灵活运用动词和设定结局，展现和谐之美。

学生需要从以下方面进行提升。

（1）寻找更多的词汇和句式替代。鼓励学生通过查阅词典、参考其他材料等方式，寻找与原文相似但不重复的词汇和句式，提高他们的语言表达能力。

（2）运用语篇衔接词和句型。学生需要学会使用恰当的语篇衔接词和句型，使文章的内容和结构更加连贯。

（3）创新故事的情感线索。学生在续写过程中，需要根据原文信息推测故事中人物的情感和特点，并且在续写中展现创新的内容。

三、结论

从教师和学生的角度对县域高中英语读后续写教学的问题进行分析和探究，我们可以得出以下结论。

读后续写教学需要注重引导学生思维能力的培养，避免出现机械操练和简单复述原文的现象。同时，学生在读后续写过程中需要克服词汇、语法、语篇等方面的语言僵化现象，提高语言运用的灵活性和创造性。

希望以上方法能够在县域高中英语教学中改善读后续写教学的状况，培养学生的深度理解能力和创造性思维能力。这样，学生不仅可以提高语言水平，还能够培养出独特的写作风格和思维模式。

参考文献

[1] 陈诚. 高中英语读后续写教学中的问题与对策［J］. 试验室研究，2018（1）.

县域高中英语读后续写教学的实施困境与创新策略

随着中国经济的快速发展，社会对英语人才的需求越来越高。虽然县域高中是我国教育体系的一部分，但由于区域经济的差异，其英语教学面临着许多实施困境。在这样的背景下，如何创新教学策略，提高县域高中学生的英语语言技能，成为当前教育研究和实践的重要课题。在英语学习中，读后续写是重要的学习任务之一。通过读后续写，学生能够提升对英文文章理解的能力，培养写作技巧，同时可以提高对于中文和英文之间转化的能力。然而，在实施过程中，教师常常会面临一些困境，如学生的理解能力较低、英语应用能力不足、教学时间有限等。针对这些问题，需要采取一些创新策略来有效推进读后续写的教学。

一、实施困境分析

（1）内容困境。县域高中的英语教材内容过于单一，缺少实际生活中的应用场景，无法激起学生学习英语的兴趣。

（2）方法困境。由于县域高中教育资源的相对匮乏，教师在教学中难以采用多样化的教学方法，导致学生学习效果不佳。

（3）阅读理解困境。由于课堂时间有限，教师难以通过传统的讲解方式进行深入阅读理解的教学，使学生难以真正理解课文内容。

（4）写作能力困境。由于县域高中英语教学主要侧重于阅读，忽略了写作，学生的写作能力得不到充分的发展。

二、创新策略

（1）创设情境。教师可以通过讲故事、播放影片等方式，创设情境，帮助学生更好地理解课文中的内容，激发他们学习英语的兴趣。在进行读后续写教学时，教师可以通过创设情境来帮助学生更好地理解文章。例如，教师可以通过图片或视频等多媒体资源让学生感受文章中的情境，从而提高学生的兴趣和参与度。教师还可以结合学生的生活经验，引入类似的情境，让学生更容易理解和接受文章内容。

（2）解读文章。教师可以引导学生在阅读课文前，先了解文章的背景信息和作者意图，培养学生对文章的整体把握能力。在教学中，教师需要通过逐句解读、语篇分析等方式帮助学生理解文章的内容。例如，教师可以对生词进行解释，对长难句进行拆解，使学生能够逐步理解文章的意义。教师还可以引导学生从文章中抽取关键信息，培养他们的思维能力和逻辑思维能力。

（3）关键词定基调。在读后续写的过程中，教师可以通过提取关键词或关键短语来帮助学生抓住文章的主题和核心思想，从而帮助学生更好地理解文章，并在写作时能够准确表达自己的观点。

（4）厘清逻辑关系。教师在教学中可以通过思维导图、逻辑图等方式来帮助学生厘清文章的逻辑关系，提高阅读理解的准确性。例如，教师可以引导学生将文章中的主题、论据、例证等元素进行分类，并建立彼此之间的联系。通过这种方式，学生能够更好地理解文章的结构和脉络，并在写作时能够组织自己的观点。

（5）运用思维导图。教师可以引导学生使用思维导图，将课文的内容进行整理和归类，帮助他们更好地理解和记忆课文。教师还可以通过组织小组讨论、角色扮演等方式，提高学生对课文内容理解和应用的能力。为了提升学生的文本理解能力，教师可以通过多次问答、小组讨论等方式来培养学生的思维反应能力和观点表达能力。通过与同学的交流和讨论，学生能够更全面地理解文章，并能够更好地将自己的观点表达出来。

（6）任务型教学。为了让读后续写教学更加具体和实用，教师可以设计一些任务型的学习活动。例如，教师可以要求学生根据所读文章完成一份调查报告，写一篇书评，或进行一次小组讨论等。这样一来，学生能够更好地运用所学的知识，并在实际中提升自己的语言能力和写作能力。

（7）联系实际生活改善读后续写的效果。为了使学生能够将所学的知识应用到实际生活中，教师可以设计一些有现实意义的任务。例如，教师可以让学生以读后续写的形式撰写英语演讲稿，然后通过班级演讲比赛等方式展示自己的成果。通过这样的任务设计，学生能够积极参与学习并发挥自己的创造力和表达能力。

（8）预习引导。在进行读后续写教学之前，教师可以通过预习引导的方式来帮助学生提前了解文章的背景知识和主题。例如，教师可以提供一些相关的词汇和资料，引导学生在预习阶段对文章进行主题思考。这样一来，在课堂上，学生就能够更好地理解文章内容。

（9）听说读写结合。为了提高学生的英语语言技能，教师可以将听说读写结合起来。例如，在读后续写教学中，教师可以设置听力任务，让学生通过听取相关资料来获取更多的信息；在写作过程中，教师可以要求学生进行口头表达或小组讨论，让他们有更多的机会运用所学的知识。

三、结论

通过分析县域高中英语教学实施中的困境，并提出相应的创新策略，可以有效提高学生的英语语言技能。教师可以通过创设情境、解读文章、关键词定基调、厘清逻辑理解等方法，激发学生的学习兴趣，提高他们的阅读理解能力。同时，教师可以采用思维导图、联系实际生活等方式，促进学生对课文内容的更深层次理解，并通过写作练习提升学生的写作能力。

参考文献

[1] 施霞，王丽红. 基于阅读理解的英语写作教学策略研究 [J]. 大学英语教学，2017 (10).

[2] 刘建峰. 浅谈英语阅读教学中的困境及对策 [J]. 高中语文，2018 (12).

[3] 张静，张文婷. 利用情境教学法提高高中生英语阅读理解能力的研究 [J]. 语言文字应用，2019 (5).

第三节　阅思达模式

阅读—思考—表达模式在县域高中英语读后续写教学中的实践探讨

读后续写是英语写作教学中常用的一种形式，通过阅读—思考—表达模式，即深度解读文本、合理构思情节和生动编写故事，可以帮助学生提高写作能力。然而，在实践中，我们发现学生在读后续写中存在续写情节不合理、不完整，续写风格与文本不一致，续写未能升华主题或偏离主题等问题。本文将分析这些问题的原因并提出相应的解决方法，以期提高县域高中学生的读后续写水平。

一、读后续写中存在的典型问题

1. 续写情节不合理、不完整

在读后续写中，学生常常出现情节不合理或不完整的情况。这可能是因为学生对基本情节的把握不准确，缺乏对故事发展的整体思考。

2. 续写风格与文本不一致

在读后续写练习中，学生续写的语言风格与原文不一致的现象较为普遍。这可能是因为学生缺乏对原文风格的理解能力和模仿能力。

3. 续写未能升华主题或与主题跑偏

在读后续写中，学生往往未能很好地升华主题，或者在续写过程中偏离了原文的主题。这可能是因为学生没有深度解读文本，或者是缺乏思维的整合能力。

二、深度解读文本的重要性

深度解读文本是解决上述问题的关键。在读后续写教学中，教师应通过问答、讲解等方式引导学生进行深度解读，包括理解故事背景、把握故事基本要素、捕捉主题等。

三、构思情节和续写故事的方法

（1）梳理情节线和情感线。在构思情节和续写故事时，学生应首先梳理故事的情节线和情感线，即把握故事的起承转合，并注意刻画角色的情感变化。

（2）寻找冲突，明确主题。学生在构思情节和续写故事时，应通过寻找冲突和矛盾来推动故事发展，并确保续写的主题与原文一致，或者能够更好地升华主题。

四、生动编写故事的技巧和策略

1. 结合首句预测情节

学生在续写时可以结合原文的首句来预测情节的发展，创设合理的故事情境，增强故事的连贯性。

2. 关注伏笔，高度融合

学生在续写时应注意关注原文中的伏笔，使得续写与原文高度融合。

3. 解决冲突，升华主题

学生在续写中应通过解决故事中出现的冲突和困难，逐步升华故事的主题，引发读者对故事的思考和共鸣。

五、结论

通过深度解读文本，获取故事基本要素。通过梳理情节线和情感线，寻找冲突，明确主题，构思情节。通过结合首句预测情节，关注伏笔，高度融合，解决冲突，升华主题的技巧和策略，学生可以较好地完成读后续写任务，提高读后续写水平，培养分析、创造和表达能力。

参考文献

[1] 赵彦艳, 周丹. 高中英语读后续写能力培养的研究与实践 [J]. 语文教学与研究，2019 (1).

[2] 李玮玮. 高中英语读后续写教学练习模式的设计与实践 [J]. 科教文汇（学术版），2020 (6).

[3] 张军, 张春英. 高中英语读后续写教学策略研究 [J]. 科教导刊（上），2018 (15).

[4] 刘明明.《完形填空与阅读理解训练》在高中英语读后续写教学中的应用 [J]. 课程教育研究（下），2020 (6).

[5] 张晓菲, 张丽华. 高中英语读后续写教学中启发式教学方法的研究 [J]. 当代教育研究（下），2020 (34).

依托高考阅读语料　提升读后续写能力

自2017年6月起，山东省英语高考试卷写作部分增加了读后续写的新题型，这标志着我国英语教学发展到一个崭新的阶段。读后续写是一种基于语言学习协同效应理论的有效语言学习方式。王初明（2011）提出了外语学习的有效途径：互动—理解—协同—产出—习得。他认为学习者的理解能力总是超出其产出能力，两者间的不平衡会产生拉平效应，较弱的产出能力在与理解能力的互动、协同过程中会不断提高。读是为了促进有效的写，而写是为了促进有目的的读，两者结合紧密，可以促进英语的学习效力。

根据《普通高等学校招生全国统一考试英语科考试说明（高考综合改革实验省份试用）（第一版）》的陈述，读后续写试题提供一段350字以内的语言材料，要求考生依据该材料内容、所给段落开头语和所标示关键词进行续写（150词左右），将其发展成为一篇与给定材料有逻辑衔接、情节和结构完整的短文。阅卷时主要考虑以下内容。

（1）与所给短文及段落开头语的衔接程度；

（2）内容的丰富性和对所给关键词的覆盖情况；

（3）运用语法结构和词汇的丰富性和准确性；

（4）上下文的连贯性。

不难看出，读后续写主要考查学生的创造性思维能力、推理判断能力、对语篇结构的把控能力、对语言知识的实际运用能力等。这些能力既是通过阅读训练逐渐培养的，又是通过写作训练不断提升的。为了达到促写的目的，阅读很重要，而阅读材料的选择至关重要。

王初明（2012）指出，用于读后续写的阅读材料要有趣，内容能延伸，能激发学生的想象力和续写冲动。同时，阅读材料的内容要给学生留下足够的想象空间，激发他们的创作欲望。阅读材料以故事为主，因为从外语学习的角度看，故事提供了丰富的语境，贴近生活，有助于培养学生的语感。此外，阅读材料的语言要控制难度，易于模仿。概而言之，就是文章有思想、语言很地道、内容贴近生活、主题有深意、叙事很精彩。显然，高考阅读理解的故事型文章具备了上述要求，教师既可以在阅读环节通过引导学生分析文本，从而帮助学生形成何为好故事的概念，同时该故事又是一篇读后续写的好素材，起一文二用之效。

2012年高考阅读理解D篇讲述了一个感人至深的故事，作者的父亲是名普通的邮递员，简单充实的邮递生活给儿时的作者留下了深刻的印象。但他不知道的是，父亲每年以圣诞老人的身份给村里的孩子们回复邮件，给孩子们带来了莫大的惊喜和满足。笔者将结合本文，具体阐释如何一文二用，以读促写。

一、以读促写，剖析文本学写作

笔者认为，综合视野下的文本解读将会赋予文本强劲的生命力。葛炳芳(2013)认为，综合视野下的文本解读既可以理解文本的表层信息，也可以理解信息点间的相互联系，既可以理解文本的观点思想，也可以学习目标语言。这篇文章在叙事结构、目标语言、文本思想上有明显优势，是学生学习何为一个好故事的范本。

1. 叙事结构巧妙精致

故事侧重于事件发展过程的描述，强调情节的生动性和连贯性。本文开篇深情地回忆了笔者小时候和父亲一起投递邮件的奇妙之旅，紧接着用具体事例论证了父亲一生尽职的所作所为，为下文的高潮做铺垫。文章的高潮部分在于作者在回家参加父亲葬礼的时候得知父亲历年化身为圣诞老人为孩子们回信的事。文章结尾，作者认为知道了父亲的故事是一份终身的礼物。教师可以通过以下五问帮助学生厘清故事的五要素：主题、人物、背景、情节、高潮，重点强调高潮为一个好故事的必要因素，它起到聚焦事件冲突、烘托人物形象、揭示文本主题的作用。

①Why does the writer write the story? (theme) ②What are the characters of the story? (character) ③What does the writer's father do? (setting) ④How does the writer develop para. 4? (plot) ⑤What is the story the writer never knew? (climax)

2. 目标语言优美地道

本文作为一篇回忆亲人的记叙文，语言朴实流畅，用白描的手法生动刻画了一位敬业、忠诚、友善、富有爱心、深受人们喜爱的邮递员的形象。教师可以从话题、功能、修辞等视角进行语言处理，引导学生用丰富得体的语言完成表达任务。下文以行文表达为例进行分析。

地道的表达：“On dad's final day of work, it took him well <u>into the evening</u>

to complete his rounds. ”。下划线部分的表达很地道，而大多数同学们会表达成a long time或者very late，显得很宽泛(潘乐慧、张强，2016)。

数字的使用：“Two hundred and nineteen mailboxes on my route,” he used to say, “and a story at every one. ”。邮递员父亲清楚地记得他的邮递路线上有219个邮箱，足以可见他对工作的敬重和细致。

细节的力量：但凡宏大的命题，最终打动人心的都是细节。本文没有出现任何表现父亲品质的词汇，但是朴素的语言汇集成一个高尚的人物形象。On Dad's final day of work, it took him well into the evening to complete his rounds because at least one member from each family was waiting at their mailbox to thank him for his friendship and his years of service. 本句用侧面描写，更具力量，更有说服力。

称谓的改变：全文一共用了14个“dad”，“dad”一词是对爸爸的日常称呼，透着亲人间的亲密，但在文章的末尾句“For me, just knowing that story about my father was the gift of a lifetime.”中，作者唯一一次用了“father”，即“父亲”一词，父亲是尊称，表达了作者对父亲的敬重和爱戴。

教师在讲解文本时要有侧重地引导学生关注这些信息点，这正是读后续写项目重要性的体现，即学生创造性地模仿和使用语言，在接触语篇中使用语言、学习语言、鉴赏语言，提高学习效率。

3. 思想深刻隽永

前文提到，作者是通过父亲同事兼挚友Frank之口得知父亲的秘密，即数十年以圣诞老人的身份给孩子们回复信件，这样的举动诠释了圣诞精神，令作者本人动容、怀念，也触碰到了千万读者内心的感动。讲故事必定有其目的，或证明某一理论，或阐明某一概念，或赞美某种美德，或谴责某种罪恶，等（丁往道，1997），教师应该引导、鼓励学生写作立意高远。

二、读后续写，学以致用提效能

这篇故事既是一篇优秀的记叙文，又是一篇可用于读后续写的好素材。教师可以做如下设计。

1. 保留文章第四段的主题句，请学生续写

Mailboxes were sometimes used for things other than mail. 在第三段段末，作者记叙父亲为一位连信箱都没有的盲人老奶奶收邮件、读信并且付邮资，表明父亲的工作已经超出了他的职责范围。接着第四段段首是一句承上启下的主题句“Mailboxes were sometimes used for things other than mail. ”。显然，学生要续写的内容虽然是想象的，但又必须是合乎情理的。学生不得不反复回读第三段，感受语言和表达，如此就达到了模仿且创造、超越的目的。

2. 保留文章第十三段首句，请学生续写

I just sat there with tears in my eyes. 作者在得知爸爸常年为孩子们回信之后潸然泪下，在泪眼中开始回忆“It wasn't hard for me to imagine...”。前文Frank提示作者回忆小时候将写给圣诞老人的信投入邮箱里的情景，进而用“It was your dad who answered all those letters every year. ”强调了这个事实。学生需要运用逻辑推理，推断此段是根据Frank的启发而客观描述爸爸回信的情景。这样的训练可以提升学生分析信息、合理推断的思维能力。

3. 结尾续写

文中当作者因爸爸辞世而回乡时，爸爸的同事兼挚友Frank问“What are we going to do about the letters this Christmas?”，从而引发作者得知真相。但这个问题是如何解决的，文章没有任何交代，这就为续写提供了契机。学生既要抓住邮递员爸爸的品质，又要抓住问题中的核心词we，在续写中将Frank这个任务放置其中。

三、需要注意的问题

1. 选择恰当的文本用以指导写作

虽然高考读后续写提供的文本是350词以内的语言材料，但平时训练的阅读文本可以适当增大篇幅。阅读材料长一些，内容就会丰富一些，语言表达也会多一些，这样续写思路更加明确，协同更容易发生，内容更加连贯，主题不易偏离。此外，在续写遇到语言困难时，足够大的语言样本可以为学生提供更多可选的语言表达法（王初明，2012）。教师需要具备甄选能力，智慧地利用、改编更为规范的高考阅读语料，才能有效地引发协同，导致理解输入和表达输出的完美结合。

2. 选择合适的文段用以读后续写

续写的一个很重要的达成要素是逻辑衔接，就高考而言，既要与所给短文衔接，又要与两段的开头语衔接。所以，教师在设置任务的时候一定要关注，鼓励学生反复认真阅读原文，紧扣故事情节进行续写、语言模仿、内容创新。值得注意的是，教师在日常练习中不要设置段首句、关键词或续写词数等的限制，而应鼓励学生主动思考、自主表达，充分发挥和展示自己的语言运用能力（刘庆思、陈康，2016）。

四、结语

读后续写得到了语言习得理论的支撑，呼应了外语考试对综合语言能力考查的诉求，并且经过了实证研究的验证，能够有效地促进英语教学和语言学习（刘庆思、陈康，2016）。阅读为写作服务，阅读文本的选择至关重要。高考阅读语料各种文体都有典型特征，每篇佳作都具精妙之处，尤其是故事型文章，极具分析、赏鉴、续写的价值，理应成为或改编成为有价值的续写材料，增进读写协同效应，最终提升学生的写作能力。

参考文献

［1］丁往道. 英语写作手册（中文版）［M］. 北京：外语教学与研究出版社，1996.

［2］王初明. 互动协同与外语教学［J］. 外语教学与研究，2010，42（4）.

［3］王初明. 读后续写——提高外语学习效率的一种有效方法［J］. 外语界，2012（5）.

［4］葛炳芳. 英语阅读教学的综合视野：内容、思维和语言［M］. 杭州：浙江大学出版社，2013.

[5] 教育部考试中心. 普通高等学校招生全国统一考试英语科考试说明（高考综合改革试验省份试用）（第一版）[M]. 北京：高等教育出版社，2015.

[6] 刘思庆，陈康. 关于一年两考高考英语试卷中读后续写设计的研究[J]. 中小学外语教学（中学篇），2016，39（1）.

第四章

第一节　合作学习与情境教学

合作学习与英语教学预习环节

——高中英语教学中的文化浸润

Learning about the culture is the highest purpose.（学习文化是学习语言的最高目的。）一个社会的语言是该社会文化的一个方面。语言教学如果缺少了文化的承载，必将苍白而失去生命力。但是近年来，我们痛心地目睹了许多中小学英语教学因为迫于升学等压力，正在逐步地功利化：不断地重复记忆，强化语言基础与技能的训练，学生疲于应付各类复习题、辅导资料；学生报各类补习班、补习学校；教师埋头于如山的作业中。这使教师只简单地充当了“授业”的角色，全然忘了“传道”才是为师之首任。所谓“传道”，不应仅仅是教会学生做人的道理，个人理解，还应培养他们宽广的胸怀、世界的眼光、博雅的气质、探究的热情以及创新的能力。而这一切，又岂是各种辅导资料所能给予的？这一切，又岂是单调重复与训练所能达到的？基于此，笔者在多年的教学中不断地思考实践与探究：应该如何将文化意识渗透到英语教学中去？尤其面对教学的变革时期，时代呼唤培养学生的探究与创新意识，如何培养学生的这种意识，将现有的“语言技能教学”转型为“语言文化教学”，至少让学生在学习的过程中对西方文化有一个粗浅的了解，增长见识，丰富内心？

随着新课程改革的延续与深入，“合作学习”已成为新的教学方式中不可或缺的一环。主动—探究—合作的学习方法具有其不可替代的优势，正渐渐地向传统的教学模式发出挑战。笔者从教师、学生最容易忽略的预习环节入手，做了一些探索与尝试：运用合作手段，发动学生以组为单位分工合作，查找、分析、整合预习资料；在不断变换的形式中，提升学生的学习兴趣；通过师生合作互动、生生合作交流，使学生的自主学习、探究的意识得以增强。

外研版新教材为我们提供了丰富的文化背景素材，如果能够合理地利用与开发，就会成为很好的学习与拓展材料。每个单元的Warming-up与Pre-reading,既是对本单元主题的预热，又是训练学生口语能力、丰富学生背景知识的绝好题材，更可以为学好后面的Reading和Listening做良好的铺垫。所以，笔者将Warming-up与Pre-reading整合为第一课时，将本单元的主题确定为该课型的话题，围绕这一主题预设问题，让学生分组查阅、思考与预习，然后以PPT、对话或者演讲等形式呈现出来，最后根据每个单元不同的题材和要求设置不同的预习题，让学生觉得既新鲜，又充满挑战。

例如，在学习必修二第三单元Healthy Diet时，我让学生以组为单位，提供一份健康食谱，并且讨论不健康饮食带来的不良影响。又如，在学习必修五第二单元The United Kingdom这一主题时，我预设了五个问题让学生分组去准备，每组承包一个问题：①英国的地理位置；各行政区的名称、昵称以及国旗、国徽、货币等；②四个国家形成的历史；③伦敦简介；④伦敦的三大景点，历史上的四批侵略者以及著名的博物馆教堂等；⑤其他。再如，在学习选修六第二单元Art时，我按照时间线索预设了这样五个预习题：①对西方美术产生过深远影响的画家；②中世纪的绘画风格与主题；③文艺复兴时期画风的转变；④19世纪到20世纪初的印象画派；⑤现代绘画的特点。这样每个单元都有一些新鲜话题，都涉及相关文化背景知识，不仅拓宽了学生的视野，也培养了学生的合作探究意识，提升了学生的学习兴趣，而且每次只安排1—2个小组，这样也不会给学生造成太大的课业负担。

事实证明，学生的预习效果出乎意料地好，常常会在课堂上产生惊喜或者收到意想不到的效果，而且这样的预习形式生动、有趣、扎实，不但开阔了学生的眼界，丰富了学生的知识，提高了学生的审美情趣，而且为学生学习后面的知识扫清了障碍。在学过很久之后，学生对这些展示课依然记忆犹新。尤其记得在做完选修六第二单元Poem的预习展示之后，学生情绪激昂，在优美音乐的配合下满含深情地朗诵英文诗歌*Red*、*Red Rose*和*I've Saved the Summer*时的情景，以及学生们各种精彩的诗歌作品：有俳句、有五行诗、有现代诗，还有打油诗。

例如，五行诗*Baby*（班上一个同学的昵称）：

Baby

Lovely，serious，hard-working，

Day in and day out busy.

一个认真负责而又忙碌的同学的形象便跃然纸上了。

又如，学生自创的打油诗：

Dreams are sonsy.

Reality is skinny;

Youth never come again,

Cherish what you obtain.

看到这些成果，我们真的应该欣慰：学生的学习能力和创造能力是无限的，只要善于引导，他们会不断迸发出智慧的火花。

除了在Warming-up中渗透文化意识之外，在平时教学中的浸润也能达到润物无声的效果。例如，在给学生点评时，笔者突然想到一句很经典的广告词“Good to the last drop!（滴滴香浓，意犹未尽！）”，就把它改成“Good to the last word!(字字珠玑，意犹未尽！)”；在教学中随手将“Sitting on the fence.”“Love me，love my dog.”等这样的英语习语教给学生，既能活跃课堂气氛，又能融洽关系。

有了平日的这些积淀，经过同学们加工整理和充实，就形成了一个个很不错的研究性课题，在这一年多中，学生做出了“从电影看中西方文化差异”“音乐对美国文化的渗透”“用英语欣赏国粹”“用英语宣传我省文化遗产——水车”以及“用英语宣传我省文化遗产——秦腔脸谱”等研究性课题。积少成多，集腋成裘，语言教学中的文化渗透，功不在当下，而在未来。

参考文献

[1] 新课程实施过程中培训问题研究课题组. 新课程与学习方式的变革[M]. 北京: 北京师范大学出版社, 2001.

[2] 新课程实施过程中培训问题研究课题组. 新课程与教师角色转变[M]. 北京: 教育科学出版社, 2001.

为语法学习创设情境

一、背景

新一轮课程改革不仅带来了新的教育教学理念，也带来了新的教材和新的培养目标。（新标准）教材的选材、编写具有时代性、社会性、真实性、生活性和思想性，反映全球最新的社会政治、经济环境、文化科技、教育健康、艺术等方面的发展水平。新的高中英语课程的总目标是：使学生在义务教育阶段英语学习的基础上，进一步明确英语学习的目的，发展自主学习和合作学习的能力；形成有效的英语学习策略；培养综合语言运用能力。综合语言运用能力包括语言技能、语言知识、情感态度、学习策略和文化意识。

概括地说，高中英语新教材主要突出了真实性，而培养目标方面突出了学习和运用的能力。因此，基于以上分析，笔者认为，现在的高中英语教学应尽可能地让学生在真实的语境中形成学习和运用英语的能力，而且这种结合语境进行教学的方法应渗透到英语教学的各个方面。

二、案例：为虚拟语气创设情境

以虚拟语气为例，表格式的规律总结看似简单易懂，可学生在没有真正理解虚拟的使用意义和体会虚拟语气的真实语境时，对多种虚拟时间的判断和形式的变化经常是混乱的。笔者在两个平行班中做了一个简单的实验调查。在A班讲解虚拟语气时只给了简单的几个例句，告诉学生虚拟语气就是与真实的时间状态下发生的事实相反，并总结了相反时间下的虚拟时态变化。在B班讲解时结合真实语境解释何谓虚拟，如做出遗憾的样子说我昨天有工作没做完，否则我就能去看那场我最喜欢的演唱会了，并问学生，我到底有没有去看演唱会？什么时间没去？学生的答案是：没去，昨天。笔者通过这样的问答逐渐让学生体会虚拟语气可以表达说话人的期待、幻想、不可能实现的比较、后悔、马后炮式的评价、责备等情感和情绪。学生在理解了使用的情境后，记忆和使用固定结构就容易了许多。笔者在学习过程的末尾要求学生以诗歌的方式练习虚拟语气，给学生提供了在语境中使用虚拟语气的机会。

在课后的小测验中，两个班各抽取平时成绩都在80分以上的学生10人。结果显示：语法单选题A 班的正确率约为56%，B 班约为72% 。在用虚拟语气造句的环节中，A 班能够写对的人数只有3人，而B班有8 人。由此可见，在语法教学中引入情境对学生的帮助很大。下面是B班的两名同学的诗。

My friend (Yang Cheng)

If I hadn't met you, I would be lonely. And I couldn't enjoy the world's beauty. If I hadn't met you, I would be unhappy. And I couldn't sing a song freely. But for you, I wouldn't be so lucky. But for you, I wouldn't learn what is bravery. You are my star. You are my angel. You are the best gift that the God gave me. Time flies. And everything may be changed. No matter what happened and no matter what will happen, I'll not be afraid. Because I know you'll always be around me. My friend, Forever friend.

If I were a girl (Chen Qiang)

· I wish I were a girl, I would dress a shirt.

· I wish I were a girl, I would be a up–town girl.

· I wish I were a girl, I would keep my hair very very long.

· I wish I were a girl, I would keep my body in a good shape.

· If I were a girl, I would find a Mr. Right.

· If I were a girl, I would love a boy who is just like me.

三、反思

语言学习的最终目标就是交流。语法的学习是为了让学生更加准确地理解和传达信息。但在学习的过程中，枯燥的理论和结构让学生兴趣全无，学习的目的只是解决语法单选题。其结果就是，学生做题能得高分，可说出的或写出的往往是结构语义混乱的英语。所以，语法教学应注意不能脱离情境，语法的巩固也不能只以单选题为载体，而应在真实语境中复现。课堂中的情境创设的空间很宽广，在此，笔者建议英语教师在创设情境时一定要输入正确的语言文化背景，与实际使用场合相结合，将语言知识功能化。创设情境的方法有很多，只要教师勇于创新，勤于思考和积累，就一定能为学生创设出适合的、恰当的语言情境来。

第二节　思考与探究

基于县域高中深度学习中教学评一致性的教育评价

随着教育改革的不断深入，教育评价作为提高教育质量、促进教育公平的重要手段，越来越受到人们的关注。传统的教育评价方式存在着评价内容单一、评价方式机械、评价结果不够客观等问题，无法满足现代教育的需求。因此，本文旨在探讨一种基于县域高中深度学习中教学评一致性的教育评价模式，以提高教育评价的准确性和有效性。

一、深度学习与教学评一致性

深度学习是近年来机器学习领域的研究热点之一，它是指通过建立神经网络模型来模拟人类的学习过程，从而实现对复杂数据的处理和分析。深度学习在教育领域的应用包括学生行为分析、课程推荐、教学辅助等方面，其中最具潜力的是教学评一致性的教育评价。

教学评一致性是指在教学过程中，教师的教学目标、学生的学习目标、评价目标是一致的。这种一致性可以保证教学过程的连贯性和有效性，从而提高学生的学习效果。在传统的教育评价方式中，教学评一致性往往被忽视，导致评价结果不够客观和准确。深度学习技术可以帮助教师更好地理解学生的需求和问题，为教师提供更加准确的教学策略和教学方案，从而提高教学质量和效果。

深度学习在教育领域的应用也日益广泛，它可以帮助学生更好地理解和掌握知识，提高学习效果。然而，深度学习在教育评价方面的应用还比较少见。

深度学习技术可以应用于教学评一致性的多个方面。例如，在确定教学目标时，教师可以利用深度学习技术对大量教学案例进行分析，以确定最具代表性的教学目标。同时，教师可以利用深度学习技术对学生的学习行为和成果进行自动评估，以实现自动化反馈和调整。

在教学实施过程中，教师可以利用深度学习技术对教学策略进行优化。例如，教师可以利用深度学习技术对学生的学习行为进行分析，以确定学生的学习特点和需求，从而制定更具针对性的教学策略。同时，教师可以利用深度学习技术对教学资源和环境进行优化，以提高教学质量和教学效果。

总之，深度学习与教学评一致性是相互促进的关系。通过深度学习技术的应用，可以促进有效的教学策略和学生学习成果的优化，从而提高教学质量和效果。同时，教学评一致性的实现也需要深度学习技术的支持，以实现自动化评估和反馈、优化教学资源和环境等多方面的应用。

二、研究方法

本文的研究方法主要包括文献综述和实证研究。首先，通过对相关文献的梳理和分析，了解深度学习在教学评一致性教育评价中的应用现状和发展趋势。其次，通过实证研究，探究深度学习在教学评一致性教育评价中的具体应用方法和效果。具体来说，我们将选取某县域高中作为研究对象，采用深度学习技术对学生的学习行为进行分析和评价，并将评价结果与传统的教育评价方式进行对比和分析。

基于深度学习中教学评一致性的教育评价模式是一种全新的评价方式。在实践中，我们可以通过以下步骤实施。

（1）收集数据。收集学生的学习行为数据、教师的教学数据等。

（2）处理数据。利用深度学习技术对收集的数据进行处理和分析。

（3）构建模型。根据处理后的数据构建教学评一致性模型。

（4）评价。利用构建的模型对学生的学习行为和教师的教学行为进行评价。

三、研究结果与讨论

通过实证研究，我们发现深度学习在教学评一致性教育评价中具有以下优点。

提高评价的准确性。深度学习可以通过对大量数据的分析和处理，挖掘出更加细致和深入的信息，从而更加准确地反映学生的学习情况和表现。例如，通过分析学生的学习行为数据，可以准确地了解学生的学习兴趣、水平和风格，从而更加准确地评估学生的学习效果。

提高评价的客观性。深度学习可以通过模型训练和预测等过程，减少人为因素的干扰，从而更加客观地反映学生的学习情况和表现。例如，通过分析学生的作业完成情况，可以客观地评估学生的学习效果，避免传统评价方式中主观因素的影响。

提高评价的有效性。深度学习可以通过对数据的分析和处理，发现传统评价方式无法发现的问题和规律，从而更加有效地指导教师的教学和学生的学习。例如，通过分析学生的学习行为数据，可以发现学生的学习难点和问题，从而为教师提供更加准确的教学策略和方案。

四、结论

对县域高中深度学习中教学评一致性的教育评价的研究表明：深度学习在教学评一致性教育评价中具有很大的应用潜力和优势。通过将深度学习与教学评一致性的教育评价模式相结合，可以提高教育评价的准确性和有效性，从而促进教育改革和教育质量的提高。未来研究可以进一步探讨深度学习技术在教育评价中的应用方法和优化策略，以及如何更好地结合传统评价方式的优点和深度学习的优势，提高教育评价的综合性和全面性。

参考文献

［1］张华. 深度学习在教育评价中的应用研究［J］. 中国教育学刊，

2019（6）.

[2] 王宁，陈通. 基于深度学习的学生行为分析［J］. 现代教育技术，2018，（4）.

[3] 王小明. 深度学习在教育评价中的应用及挑战［J］. 教育研究，2020（3）.

[4] 陈琳琳，王明宇. 基于深度学习的教育评价研究［J］. 中国远程教育，2021（5）.

[5] 周明，李娟. 深度学习在县域高中教学评价中的应用［J］. 教育研究与实践，2022（1）.

[6] FISHER D, FREY N. Using deep learning to enhance teaching and assessment［J］. Computers & Education，2019（134）.

[7] RUSSAK A, MCPHERSON A, LEVINE A. Examining the use of deep learning in educational evaluation: a review of the literature［J］. Learning and Instruction，2018（59）.

[8] WANG P, WILLINGHAM D. The promise and challenges of deep learning for educational assessment［J］. AI & Society，2020，35（2）.

高中英语教学如何面对人工智能时代的到来

人工智能的到来给教育领域带来了一定的机遇和挑战，利用人工智能技术能够给高中英语课堂增添活力。与此同时，人工智能也对高中英语教学提出了更高的要求，传统的教学观念以及教学策略已经无法适应人工智能时代，这就要求英语教学工作者应该积极探索有效的策略来应对人工智能时代的到来，对人工智能时代的教学方式、学习方式和教师角色进行重新定义，让人工智能更好地促进学生的发展。

一、人工智能时代高中英语教学的发展趋势

（1）人工智能时代的到来促进了人工智能和英语教学的深度融合。例如，教师可以根据大数据对学生每次作业存在的问题进行精准判断，对学生的学习情况进行跟踪和综合分析。人工智能还可以对真人的标准发音进行模仿，教师可以将其引入英语课堂教学中，让学生听更加标准的发音，包括单词、句子等，学生可以跟读，而人工智能发音系统可以快速做出判断，指出学生发音标准与否，以此来强化学生的精准发音练习，提高学生发音的准确性。教师还可以利用人工智能技术对学生的英语作文进行智能批阅，并形成诊断报告，给学生的写作提出更有建设性的意见，跟踪学生的英语写作发展路径，以真正促进学生写作水平的提升。

（2）人工智能时代学生的英语个体化学习特征将会更明显。教师利用人工智能可以对学生的学习数据进行全面搜集和智能分析，从而把握学生的学习心理、学习风格，明确学生对英语相关知识和技能的把握情况和发展状况，并结合学生的实际学情来设计更加具有针对性的和个性化的学习方案，真正提高学生的个性化学习，促进每一个学生的进步。

（3）人工智能可以实现在线翻译，能够和人进行有效的互动，可以慢慢取代工具性的语言应用。因此，在英语学习中，工具性的语言学习变得没那么重要，而掌握语言背后的逻辑更加重要。无论多么智能的智能设备都很难结合国家的沟通方式和文化来形成语言运用的思维，所以在人工智能时代，英语教学应该超越英语语言本身，注重学生英语思维品质的培养和人文素养的浸润。

二、人工智能时代高中英语教学的有效策略

（一）加强对教学资源的挖掘和整合

人工智能时代产生的数据量非常庞大，而高中英语教师应该大量收集相关的信息并加以利用，充分挖掘对学生有价值的语言学习资源，并对相关的信息进行整合。在这个过程中，教师要充分利用现代教育技术来开发学习资源，充分挖掘对学生有利的资源，注重学生在课堂学习中形成的生成性资

源，并利用相关的技术来建设生成性资源库，以更好地了解学生，并以此为导向来提供更具有针对性的指导和帮助。另外，教师要寻找优质的外文网站和语言材料，并将其灵活融入课堂教学中，为学生的英语学习提供帮助，以此来满足学生在人工智能时代的多样化学习需求。

（二）引导学生深度学习

在人工智能时代背景下，工具性的语言学习地位不断弱化，教师要对语言背后的文化以及学生在语言学习中形成的思维品质更加重视，这就要求教师要引导学生深度学习，在学生的大脑中建立从底层信号到高层语义的映射，促使学生的迁移运用能力和思维品质得到全面提升，同时发展学生的判断推理能力、综合分析能力以及创新能力等。这就要求教师要转变教学观念，从发展学生的思维品质和迁移运用能力的目标出发来设计课堂教学。具体来说，教师要改变以往学生被动学习的状况，引导学生自己来体验和感悟，强化学生的语言活动，让学生积极参与到语言活动中，而人工智能技术就可以实现这些目标。在课堂上，教师可以充分利用移动学习技术、慕课、微课等来打破传统的教学模式，打造更加真实的情景和更加开放的英语课堂，强化学生的情感体验，促使学生打破思维的界限来学习，充分发挥出学生的内在动力，帮助学生打开学习思维和视域。

（三）将传统课堂向现代课堂转变

俗话说“教师要给学生一杯水，自己就要有一桶水”，这样才能为学生解惑。在人工智能时代，教师要充分了解人工智能的内涵和重要的意义，不断提升自己的自主发展能力，给学生打造适应人工智能时代的现代化课堂。要实现传统课堂向现代化课堂的转变，教师就要熟练掌握计算机硬件和软件的相关技术，并不断提升自身的素养。教师要强化语用学理论、教学哲学以及教育心理学等相关课程的学习，不断充实和提升自己的决策能力和理论素养，充分发挥出人工智能技术的优势，将传统课堂转变为现代化课堂。例如，教师要充分把握人工智能的价值和优势来开放主题单元教学，不仅要注重语言形式分析，还要加强对语言交际体验的重视。现代课堂的构建要求教师将探究、合作和自主学习的学习观渗透到课堂教学中，并建立民主协商、互学共进以及人格平等的师生关系，并将教育哲学领域的相关理论体现在英语课堂中，将更多的精力和时间放在学生心理、情感以及创造领域的引导上，摆脱传统重复的劳动，突出教育追求真善美的本质，强化自身的人格魅力，并用自身的人格魅力来感染学生，促进学生的个性发展，将传统课堂转变为现代课堂。

（四）提高现代教育技术的操作水平

人工智能时代让学生的数字化学习成为可能，学生在数字化学习过程中，自身的数字化学习技能也相应得到提升，而教师作为学生学习的引导者和组织者，也应该尽快提升自己的现代教育技术的操作水平。教师要善于应用新兴的技术来创新课堂教学模式，并将其融入课堂文化和课堂理念之中，要避免采用新的技术来重复陈旧的教学路径。教师应当将信息技术和高中英语课堂有效整合，结合具体的教学内容来充分利用现代教育技术创建更加真实的语境，并积极鼓励学生参与到实践活动中，在实践活动中交流和沟通，并掌握相关的语言知识，提升学生的语言技能，最重要的是发展学生的英语语言思维和品质，促使学生形成英语文化意识。值得注意的是，教师要通过现代教育技术和英语教学的大整合来取代以往的小整合，也就是不是将现代教育技术融合到各个教学环节，如口语教学、听力教学以及阅读教学中，而是要通过现代教育技术来对课程内容和课堂结构进行大的调整和改变，给学生提供全新的课堂，让学生能够采用全新的方式来学习。

三、结语

人工智能时代的到来给教育领域带来了巨大的机遇和挑战，教育领域面临着变革，高中英语教师也应该正视现实，把握人工智能时代带来的机遇，同时勇于面对人工智能时代给英语教学带来的挑战，将人工智能和英语教学深度融合，充分发挥人工智能的优势来构建现代化的英语课堂，引导学生深度学习，发展学生的英语思维品质。

参考文献

［1］栾爱春. 人工智能视野下的英语教学：发展趋势与应对策略［J］. 中小学教师培训，2019（1）.

[2] 史从伟. 人工智能时代如何更好地开展高中英语教学 [J]. 高考，2019（14）.

[3] 梅春燕. 初中英语教学如何面对人工智能时代的到来 [J]. 考试周刊，2017（67）.

[4] 楼蕾. 人工智能时代背景下英语教师的机遇与挑战 [J]. 现代教学，2018（5）.

第五章

教学设计

第一节　必修教学

外研社高中英语必修一　Healthy Diet 教学设计

【设计思想】

本单元教学话题为健康饮食（healthy diet），本节课以听说为主，听的内容是关于早餐的良好习惯，说的内容为说服别人养成良好的饮食习惯。现代中学生三餐不吃主食，喜好零食，偏爱节食减肥。针对这些不良饮食习惯，结合本节课的教学内容，设计为期一个月的“告别不良饮食习惯”的社会实践活动。

【教材分析】

1. 本单元的听力材料包括两部分：一部分是师生间关于早餐的简单对话，另一部分是关于用实验结果来证明吃早餐的必要性的短文。学生不但要能在听前根据图画和简单对话预测对话内容，抓住语段关键词，理解全段大意，而且要能从所听内容中提取关键信息，形成自己的对话。

2. 本节课内容涉及三个关于饮食习惯的简单对话、短文以及说服别人养成良好习惯的口语练习。

3. 健康饮食习惯是中学生成长阶段较为关键的习惯之一。本节听说课能够为后面实践活动的开展做一个很好的铺垫。

【学情分析】

1. 高一学生，刚从初中进入高中，一方面，面对内容丰富、体裁新颖的全新版的英语教材，他们充满了好奇，学习兴趣相对较大；另一方面，由于初高中英语学习在教学要求、教材教法、词汇量等方面都有所不同，部分同学明显感觉难度增大，学习吃力。

2. 由于初高中听说要求的难易度不同，听力材料的形式也有很大变化，学生在听的过程中可能对文段的把握、长句的理解有一定难度，面对部分题目可能无从下手。同样地，由于初中对说的能力要求相对较低，要让学生自己组织语言形成对话可能也有一定难度。

3. 针对学生实际，笔者把本节课的听力分成三个模块：①看图完成对话；②单选预测听对话；③语段填空。对说的处理，选用学生熟悉的体裁，以学生身边的事例为切入点，采用视频欣赏和看图说话的形式进行。

【教学目标】

知识目标

1. 听的目标：能抓住语段的关键词，理解全文大意；根据所听的内容，从中提取关键信息。

2. 说的目标：能用恰当的语句去劝说别人；能把获取的信息进行整理并用适当的语言进行表达。

情感目标

较好地保持学习英语的兴趣和动机；通过劝说别人进行沟通交流，告别不良行为，形成良好的饮食习惯；树立珍惜粮食、节约粮食的优秀品质。

综合实践

以本节课为铺垫，动员全体学生参加“告别不良饮食习惯”主题实践活动。

【重难点】

重点：训练学生的听说能力，教育学生形成良好的饮食习惯。

难点：关键词和关键信息的获取，语段的整篇把握，观点的正确表达。

【教学策略】

1. 学生浏览图片或文段，预测要填的内容。
2. 听录音，完成相应题目。
3. 朗读相关语段和句子结构，编写对话。
4. 说句心里话。

【教学过程】

Step 1: Revision (something about food and nutrition)

教师展示图片，学生回顾相应食物名称。

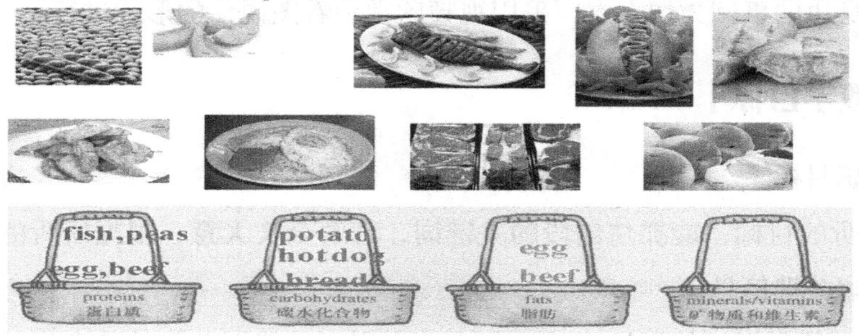

图5-1-1

Step 2: Listening

图5-1-2

1. Listen to a mini dialogue and fill in the blanks.（看图片，预测要听到的对话内容。）

T: Angela, do you usually have breakfast?

S1: No, I ________ have breakfast, for it will make me ________.

T: What about you ,Thomas?

S2 : I often have ________, eggs, bread and ________ for breakfast because it can make ________ all day.

2. Listen to a passage and choose the best answer.

（以小组为单位朗读所有题目及选项，各组员根据其内容猜测本文段可能涉及的话题，找出解决每道题目的关键词，如where、age、purpose、right breakfast等，最后猜测文段的主旨大意。连续两遍后教师检查核对答案，根据学生的反应，必要时针对个别问题进行重复试听。）

(1) Where was the test given?

A. in the United States　　B. in England　　C. in China

(2) The test was given to people of different ages, from ________?

A. 12 to 80　　B. 20 to 83　　C. 12 to 83

(3) The purpose of this test is to see how well their bodies worked when they had eaten ________.

A. different kinds of food

B. different kinds of fruits

C. different kinds of breakfasts

(4) If a student has a right breakfast before going to school, he will ________.

A. work better　　B. fall asleep　　C. lose weight

(5) What's the main idea of the passage?

A. It is important to have different kinds of food for breakfast.

B. It is necessary to have a good breakfast.

C. It is helpful for those who want to lose weight to have no breakfast.

D. It is good to have more than one breakfast each day.

3. Listen to the passage again and fill in the blanks.

（本文段来源于前面的听力材料，教师根据听力材料的内容，结合学生的实践水平设计。要求学生在听前朗读语段，根据前后文猜测空白处可能填写的单词的词性。听的过程中强调语段的整体感知，相关信息的获取。听后教师核对答案，并要求全体学生齐读，最后遮盖所填空格，让学生重新回顾。）

Does it ________ if you don't take your breakfast? A short time ago, a test was given in the United States. People of different ________, from 12 to 83, were asked to have a test. During the test, these people were given all kinds of ________ and sometimes they got no breakfast at ________. Scientists wanted to see how well their bodies ________ when they had eaten different kinds of breakfasts.

The results show that if a person eats a ________ breakfast, he or she will work better ________ if he or she has no breakfast. If a student has fruit, eggs, bread and milk before going to ________, he will learn more quickly and ________ more carefully in class.

The results also show that having no breakfast will ________ help you lose weight.

Step 3: Speaking

过渡（Are you tired? /Do you want to have a rest? Let's share a short movie.），播放2分钟本班课间跑步的视频，在跑步过程中，有个身体较差的学生因为跟不上队伍而出列。看完视频后教师提问：

What did you see in the movie ? —Ourselves.

What are they doing ?—They are running.

What's wrong with...? —She can't keep up with others .

Do you know why ? —Because she doesn't like eating breakfast .

Is it good or bad for your health?

Does that belong to a healthy or unhealthy diet? —Healthy/Unhealthy.

If it is an unhealthy diet,what should we do?

1. Learn to persuade somebody.

（展示部分说服人的句子）

I advise you not to...

To be honest , I think... is bad / good for...

Everybody know that...

I really hope you...

I really don't think so, because...

2. Disscussion: A. What's healthy diet? / What's healthy eating habits?

B. Are they healthy or unhealthy diet?

（展示班上同学的不良行为习惯）

3. Try to persuade them to give up bad habits.

（学生自己练习展示）

图5–1–3

4. Say one sentence about healthy food to your partner.

Step 4：Draw a conclusion and homework

幻灯片1（引导学生说出以下句子）

1) Food is important for everybody, we must value it .

2) It's necessary to keep a good eating habit for everybody to keep healthy.

3) Keep away from the bad habits of smoking,dieting, drinking and so on.

幻灯片2（让全体学生转向图片中出现的同学，并大声说出下面的内容）

We'd like to say:

Li Junran, give up smoking for your health.

Yuan Pangzi, don't lose weight on a diet again.

Ren Yu，remember to have breakfast on time!

Everybody, don't forget to value and save food;don't forget to keep healthy!!!

Wish you healthy!!!

Step 5：homework 综合实践活动设计

表5–1–1

姓名	年龄	不良饮食习惯	养成健康饮食习惯时长及方式	监督记载人员	备注

外研社高中英语必修一 After Twenty Years 教学设计

【Teaching aims】

1. To help students know the three basic elements of a novel and understand the story of *After Twenty Years* by analyzing the plots and characters.

2. To inform students of the CRC (Classic Reading Circle) method and make a handwritten poster as a product of CRC.

3. To help students establish a correct view of friendship.

【Key points】

1. To understand the story of *After Twenty Years* by analyzing the plots and characters.

2. To learn about CRC method and try to appreciate a text in the group work of CRC.

【Difficulties】

1. To establish a correct view of friendship in the face of law.

2. To make a handwritten poster as a product of CRC work.

【Teaching methods】

Task–based language teaching, communicative teaching.

【Teaching procedures】

Step 1: Pre–reading

1. Before the class, the teacher divides students into groups of 6–7.

2. Teacher introduces CRC method to students.

3. Teacher introduces O. Henry through a guess game.

Step 2: While–reading

Activity 1: Read the story and fill in the chart.

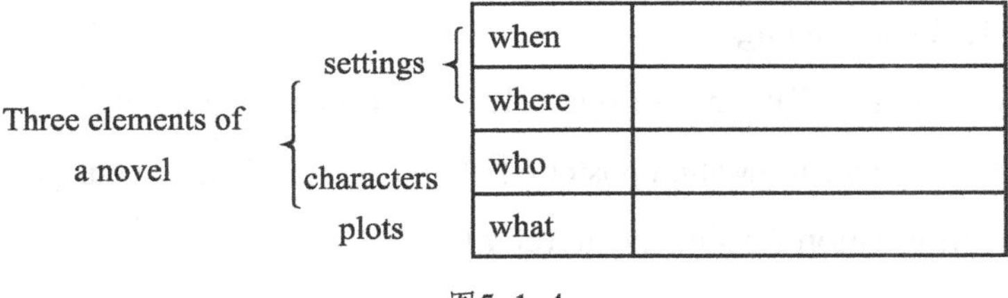

图5–1–4

Activity 2: Read the story again and answer the questions to get the plot line.

Beginning > 1. What is the policeman doing when he happens to see the man?

Development > 2. Why did the man and his friend separate twenty years ago?

3. What appointment did the man make with his friend Jimmy?

Ending > 4. Did they keep in touch during the twenty years?

Activity 3: Summarize the plot line of the story.

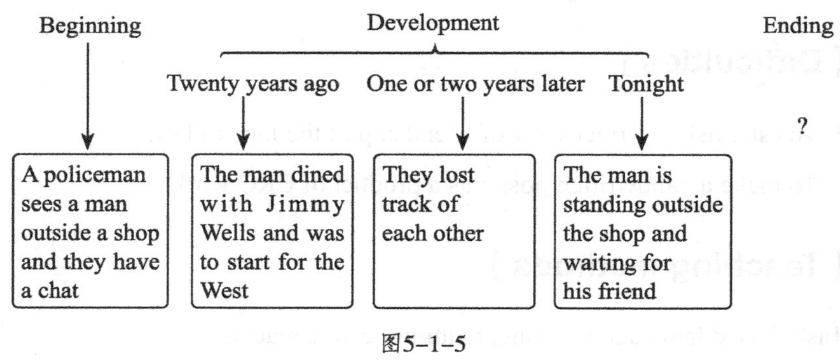

图5–1–5

Teacher: What is the ending of the story? Did Jimmy come to meet his friend?

Now read the note from the original ending and find out what actually happened.

Teacher: What can you infer from the note?

Activity 4: About the theme.

Jimmy and Bob shared true friendship. However, when Jimmy was faced with the dilemma (两难困境) of friendship and justice(正义), he chose to devote to his ________ and defend(维护/捍卫) the ________.

Step 3：Post–reading

Group work(CRC): Choose one role from CRC, cooperate(合作) with your partners and make a handwritten poster (手抄报) as a product of your group work.

Some information for students to refer to:

Discussion leader:

E. g. 1. Why couldn't Jimmy arrest Bob himself?

2. How do you think Bob would react when he read the note?

3. Do you think that Jimmy did the right thing?

4. Is Jimmy a qualified/true friend?

5. Do you like the ending of the story? Why or why not?

6. What kind of person do you think Bob/Jimmy is?...

Text summarizer:

E. g. Beginning—Development—Ending/The story mainly tells us... /流程图/思维导图

Word master:

Some important words and phrases in the passage.

Passage decoder:

Some important sentences and paragraphs in the passage.

Cultural ambassador:

E. g. The West.

Real–life connector:

E. g. 1. If I were Jimmy, I would...

2. Your own experience.

Step 4：Summary

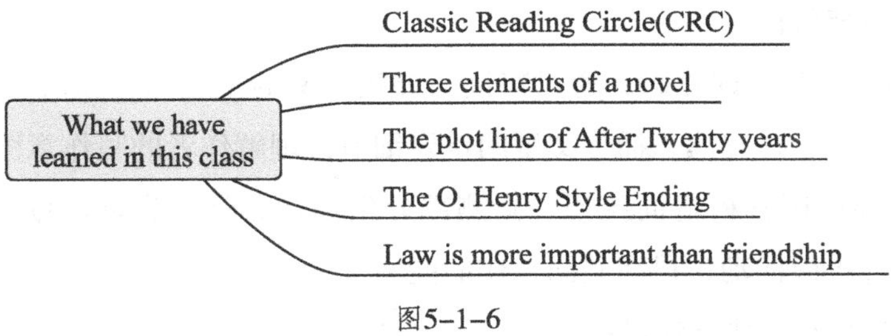

图5–1–6

Step 5：Homework

Read the complete story *After Twenty Years* and other short stories written by O. Henry to get a deeper understanding of his works and the surprise endings .

外研社高中英语必修五 The Steamboat 教学设计

【教学内容分析】

*The Steamboat*节选自美国著名作家马克·吐温的小说《哈克贝利·费恩历险记》。本课旨在让学生加深对文学名著的了解。课文生词量较大，段落较多，主题句分布不明显，人物角色较多，总体来看，难度较大。

【教学目标】

语言知识目标

1. 了解当时的生活状况。

2. Words: pour, shelter, paddle, lie, panic, curious, tie, rope, beard, fright, crawl, terrified, etc. 重点句型有“It looks as if it'll going under soon. ”“I've had enough of you. ”。

语言技能目标

1. 学会克服生词障碍，通过略读，寻找文章的主题句，厘清文章的总体框架与脉络；通过查读，捕捉文章的重要细节，理解作者的写作意图。

2. 学会运用各种猜词技巧，猜测部分生词在具体语言环境中的含义。

3. 通过小组活动，提高共同合作的能力。

情感态度与文化意识目标

1. 学会关心他人，富有同情心。

2. 明白要珍惜当下的生活。

3. 增强对文学作品的喜爱。

【教学重点与难点】

重点

1. 侧重培养学生对文章的整体性结构的把握，突出培养学生以下三个方面的能力：①文章中心把握能力；②根据主题快速捕捉文章重点细节的能力；③猜词能力。

2. 重点掌握与文学有关的词汇。

3. 加强对文学名著的了解。

难点

1. 如何使学生养成科学的阅读习惯，提高阅读理解能力和语言水平。

2. 如何使学生学会分析、欣赏文学作品，并体会其中的情感。

【设计思想】

根据新课标的要求，在课堂教学中，教师应以学生为中心进行教学，在教学中起主导作用。因此，笔者采用任务型教学方式，每一部分都设有一定的任务，引导学生自主或者合作完成。阅读活动由整体入手，由易到难，步步推进，层层深入。整个教学活动以教材为载体，以学生为中心，把学生参与活动贯穿始终，学生既有个人活动，又有小组活动和班级活动。

【教学媒体】

1. The multi-media teaching system.

2. The blackboard.

【教学过程】

Step 1：Leading in

Show a short video about *The Steamboat*. Ask questions:

1. Do you like reading literature?

2. What kind of literature have you read?

Let's read the story of *The Steamboat*.

Step 2: Fast reading

Match each part with its main idea.

Part1 (Para. 1)　A. Jim panicked and ran back to the raft. Huck found what was taking place on the steamboat.

Part 2 (Para. 2–10)　B. Huck persuaded Jim to help him to get the boat away and they succeeded.

Part 3 (Para. 11)　C. Jim and Huck sailed the raft down the river, towards the steamboat.

Step 3: Read for details

Part 1(para. 1)

Read paragraph 1 and finish the task.

There was a big ________ and the rain ________. They saw a ________ and they were ________ straight towards it.

Part 2 (para. 2–11)

Paragraphs 2–5 Finding the steamboat

1. Replacement (替代句子)

Which sentence can replace the following one in Paragraph 2 ?

It seems that it will sink into the river at once.

2. Choose the best answers

(1)How did Huck and Jim get to the sinking steamboat?

A. They swam

B. They jumped

C. They paddled

(2)Jim agreed to board the sinking ship with Huck in order to ________.

A. save the man tied up on the floor

B. find some useful things

C. help threaten a man on board

Paragraphs 6–8 On the steamboat

表5–1–2

Paragraphs 6-8 On the steamboat	
Their feelings	Jim __1__ and ran to the raft. Huck was frightened but __2__
What did they see and hear	It was dark , but I could see a man __3__ on the floor, tied up with __4__ one was short ,with a __5__ the other wastall with a __6__ in his hand
What did they do	He sounds as if he's going to __7__ of fright I have to find a way to save him

Paragraph 9–11 Leaving the steamboat

1. How did Huck and Jim leave the steamboat?

By ________.

2. What did Huck decide to do after he heard they would leave the man on the steamboat?

He ________ along the deck, found him.

(Fill in the blanks with just one word)(用一个词填空)

3. Why did Huck feel bad about what he had done ?

Step 4: Retelling

Use the key words to retell the text.

（用关键词来复述课文）

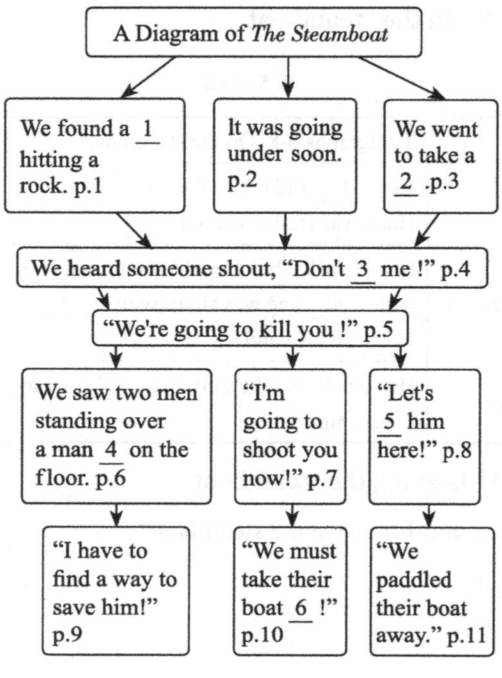

图5-1-7

Step 5: Role playing(角色扮演)

John and Li Ming are talking about the famous literature *The Adventures of Huckleberry Finn.*

Make a dialogue with your partner.

John: Hello , Li Ming . How's going?

Li Ming: Fine! I've read *The Adventures of Huckleberry Finn* recently.

John : Oh, really? It was written by famous writer Mark Twain. *The steamboat* is an interesting part. Can you tell me the story?

Li Ming : Yes, it described... and... saw a... On the steamboat, they saw... a man lying... the tall man... the short man... At last, Huck and Jim take... away.

John: It sounds interesting!

第二节　选修教学

外研社高中英语选修七　Literature 教学设计

【教学内容分析】

本篇文章节选自英国著名文学家查尔斯·狄更斯的小说《雾都孤儿》。本课旨在让学生加深对文学名著的了解。课文生词量较大，段落较多，主题句分布不明显，人物角色较多，总体来看，难度较大。

【教学目标】

语言知识目标

1. 了解workhouse、orphan等词汇，了解英国济贫院的生活状况。

2. 掌握desperate、novelist、cruel、appetite等词汇，以及It was/is... that...强调句型。

语言技能目标

1. 学会克服生词障碍，通过略读，寻找文章的主题句，厘清文章的总体框架与脉络；通过查读，捕捉文章的重要细节，理解作者的写作意图。

2. 学会运用各种猜词技巧，猜测部分生词在具体语言环境中的含义。

3. 通过小组活动，提高共同合作的能力。

情感态度与文化意识目标

1. 学会关心他人，富有同情心。

2. 明白要珍惜当下的生活。

3. 增强对文学作品的喜爱。

【教学重点与难点】

重点

1. 侧重培养学生对文章的整体性结构的把握，突出培养学生以下三个方面的能力：①文章中心把握能力；②根据主题快速捕捉文章重点细节的能力；③猜词能力。

2. 重点掌握与文学有关的词汇。

3. 加强对文学名著的了解。

难点

1. 如何使学生养成科学的阅读习惯，提高阅读理解能力和语言水平。

2. 如何使学生学会分析、欣赏文学作品，并体会其中的情感。

【设计思想】

根据新课标的要求，在课堂教学中，教师应以学生为中心进行教学，在教学中起主导作用。因此，笔者采用任务型教学方式，每一部分都设有一定的任务，引导学生自主或者合作完成。阅读活动由整体入手，由易到难，步步推进，层层深入。整个教学活动以教材为载体，以学生为中心，把学生参与活动贯穿始终，学生既有个人活动，又有小组活动和班级活动。

【教学媒体】

1. The multi-media teaching system.

2. The blackboard.

【教学过程】

Step 1：Leading in

Show a short video of *Oliver Twist*. Ask questions:

1. Have you ever seen this film?

2. What's the name of it?

3. What else do you know about the movie?

Let's read the story of *Oliver Twist*.

Step 2：Fast reading

Read the story quickly and silently and then match the main idea with each part.

Part 1(Para. 1)　A. The children chose Oliver to ask for more soup and he did so.

Part2(Paras. 2–3)　B. The boys became quite wild with hunger.

Part3(Paras. 4–13)　C. Oliver was locked in a room and maybe would be hanged.

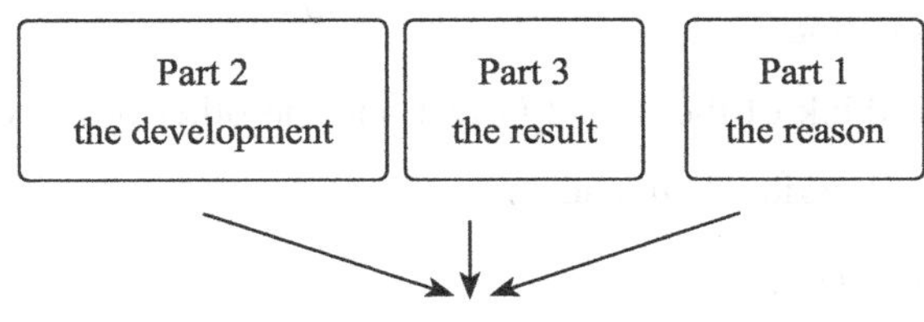

The organization of the story

图5–2–1

Step 3：Careful Reading

Part 1: the reason

Can you find 2 sentences which can describe the hunger of those children vividly?

Part 2: the development

1. Why did they decide to choose someone to ask for more food?

2. It was ________ who was chosen.

3. When Oliver went to ask for more food, he was ________.

A. hopeful　　B. happy

C. desperate　　D. excited.

4. What did Oliver say?

Part 3: the result

1. How did the following people react?

2. What happened to Oliver as a result of his asking for more?

Step 4：Retell the story

Locked in a room, a notice, offering a reward	A tall boy told..., it was...who..., desperate with hunger, walk towards	The boy...little food, starved,wild with hunger

图5–2–2

Step 5：Discussion

What do you think of the life of Oliver and the other boys? Can you think of some adjectives to describe them and us?

Step 6：Summary

Language points: hang, desperate, in complete astonishment...

Ability: reading and cooperative ability.

Emotion: cherish the present life.

Step 7：Homework

Try to act out the story with your partners.

外研社高中英语选修八 The Renaissance 教学设计

【Teaching aims】

1. To know about the background of Renaissance and the achievements during this time.

2. To understand some difficult sentences in the text.

3. To improve the reading ability.

4. To encourage students to think and read actively.

【Important points】

1. Help the students to understand art is long, life is short.

2. Master some skills at discussing with others.

【Difficult points】

1. The use of V–ed forms.

2. Some difficult words and expressions.

【Teaching methods】

1. Communicative Approach.

2. Task–based Approach.

3. Aural–oral Approach with the help of the multi–media computer.

【Teaching aids】

Blackboard;Chalks; Multi-media computer; Software; PowerPoint.

【Teaching procedures】

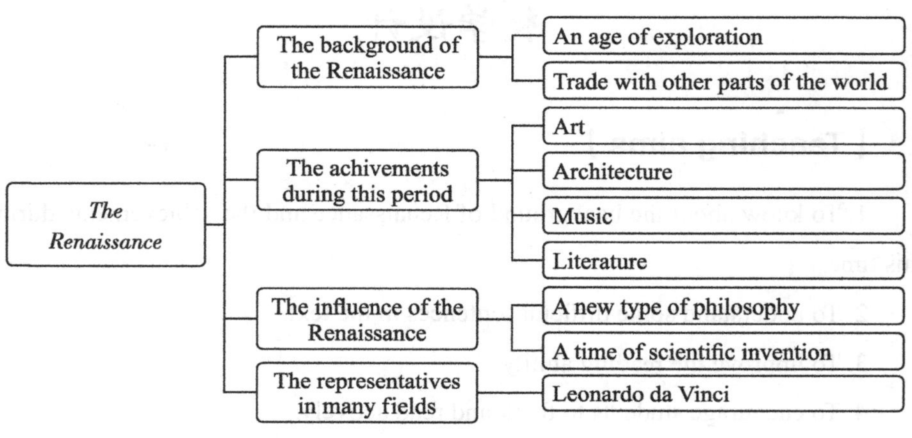

图5-2-3

Step 1: Lead-in

Start a topic with the students.

Step 2: Skimming

Read the passage fast and match the main idea with each paragraph:

Para 1	A. The origin of the word — Renaissance.
Para 2	B. The time and the birth place of the Renaissance.
Para 3	C. A new type of philosophy.
Para 4	D. A time of scientific invention.
Para 5	E. A genius — Leonardo.
Para 6	F. The discovery of the new ideas.
Para 7	G. Trade made the Renaissance possible.

Step 3: Careful Reading

Para. 1

1. When and where did the Renaissance begin?

2 . The Renaissance means the development of ________ and ________, ________ and ________ in the 14th to 16th century.

V-ed+by练习

1961, a treaty ________(sign) by 12 countries.

Strong winds ________(drive) by gravity blow from the pole to the coastline.

Paras. 2–3

1. Why was the Renaissance given this name?

A. Because it has the concept of "rebirth".

B. Because it was an age of exploration.

C. Because it was a very new age.

2. Which sentence in the text can be replaced by the following one?

Trade with other continents made the Europeans rich, therefore they could afford the arts.

Paras. 4–5

表5–2–1

Achievements	Arts (Para.4)	1.Painters discovered how to use ______ and the effectsof light
		2.Composers put different voices together and created ________
		3.Architects preferred designing buildings with ____________
	Philosophy (Para.5)	4. Put _____________ as the center of the universe

Paras. 6–7

表5–2–2

Para.	topic	Main idea
Para.6	Science	It was also a time of _________ and Leonardo was a _________ of that period
Para.7	Leonar-do	He was _________ _________ of all time

Step 4: Retelling : Retell the whole text.

表5-2-3

The Renaissance	
Time	During the 1.________________ century
Birthplace	2.________________
Origin of the world	3.Renaissance is a French word which means "________________"
Factors that made the Renaissance possible	4.The __________ of the new world 5.__________ with other parts of the world 6.Artists found new ideas by opening new __________ in the arts
Leonardo da Vinci	7.He is not only a __________, but also a skilled __________

Step 5: Homework

Write a passage about Leonardo da Vinci.

第六章

教学案例

第一节　大单元教学

A Journey of Discovery单元整体教学设计

本节课为单元整体教学设计中第二个学习阶段（Exploration & Construction）的第一个学时、第二个学时的教学设计。

【语篇分析】

主题语境："人与自然"——认识与探索自然。

语篇类型：记叙文。

授课时长: 45分钟。

【语篇研读】

What

本篇课文的主题为发现自然、探索自然，是一篇有关达尔文在一次旅行中发现进化论，以及基于此次旅行发现著成《物种起源》的文章。该文章首先介绍了贝格尔号船长希望招募一名特殊的船员，这名船员能借此机会访问遥远而鲜为人知的世界并从中获益，又接着介绍了达尔文的相关背景情况，最后着重讲述了达尔文搭乘贝格尔号去探索未知世界时，发现物种之间的特殊现象后，发现问题、提出假设、寻找证据、得出结论，直到最后将其发展成理论的过程。

本文通过重现科学家达尔文的探索发现之旅，向读者阐释了达尔文科学探索精神的具体表现。文章以时间线索为明线，以达尔文质疑、假设、求证、结论、出版的探索过程为暗线，回顾了达尔文乘坐“小猎犬号”航行的过程，也向读者一点一点展开了达尔文提出进化论并出版《物种起源》的全过程，细致精妙，逻辑明晰。除此之外，文章还提到了达尔文所面临的种种困难，从而更立体地展现了达尔文作为科学家所具备的品质和精神。本课在“人与自然”这一主题语境的引领下，引导学生在阅读的过程中深刻体会科学家探索自然的过程，学习他们的坚忍缜密、不畏权威、大胆质疑，理解探索是人类精神之本这一深刻主题。

Why

学生通过本篇文章的学习，可以明确达尔文得出进化论的完整的科学过程，感受达尔文探索科学、追求真理之路的艰辛。此外，学生还可以清晰地认识到达尔文在贝格尔号发现之旅前后的显著不同——由没有取得学位以及被父亲视为“家族耻辱”，到最后发表出影响后世的杰出作品《物种起源》。这激励着学生要学习其不畏困难、大胆质疑、勇于探索的科学精神和创新精神，并以此指导自己的实际学习生活。

How

语篇类型为记叙文。文章按照时间顺序展开，以达尔文发现之旅的起因（贝格尔号招募船员，而痴迷于岩石植物和动物的达尔文有幸被招募）为开端，接着叙述达尔文发现之旅中的科学研究过程（自我提问、关注细节、辩证思考、提出猜测、得出结论、阐释理论），最后展示他的发现结果对后世的影响（引起轩然大波，改变了人们对地球上生物存在的固有观点）。同时，文章借助叙述达尔文在贝格尔号的行程路线中，发现了不同地区生物的特点及生物之间的联系这一细节，结合发现之旅中他的房间放满了收集的样本等具体事实性行为，体现出达尔文在科学探究中细心、耐心又具有敏锐的观察力、不惧困难的优秀品质。文中重点词汇主要涉及探索、发现、物种等，如appear、evolve、inspire、suspect、ancestor、species 等。句式涉及有关科学探究的过程和方法，如“As he studied these, he asked himself the question.”“But Darwin began to think differently.”等。

【学情分析】

自然情况

学习者为聊城四中高二年级1班（物化生班）学生，英语学科在本班与其他学科相比属于弱科，学生英语基础一般，口语表达尚不自如，但有学习英语的兴趣和用英语表达自己的意愿。在设计课程时，笔者尽可能地搭建“脚手架”帮助孩子们，使课堂活动设计和思维深度更符合他们的最近发展区。

已有基础

作为纯理科班学生，对于本节课的学习内容有一定的知识储备，在人教版《生物学必修2·遗传与进化》的第六章，学习了《生物的进化》，对“共同祖先”和“自然选择”学说都有一定的知识储备，有相关话题词汇与表达的积累。

存在问题

能获取、梳理信息，理解故事的主要情节，但归纳总结、推理评价及批判创新等高阶思维能力有待提升；大部分学生口语基础一般。教师要在课堂活动中对学生多鼓励、多给机会，促进学生表达能力的提升。

【教学目标】

1. Identify the main idea of the passage by skimming and grasp the relevant words & expressions by reading.

2. Clarify (理清，阐明) the character's discovery process and the structure of the whole passage.

3. Talk about the qualities that the character exhibited and reflect on the spirit of scientific exploration.

【教学重难点】

1. 解读文本，探索主题，感知叙述类文本的结构，按照事件发展顺序梳理达尔文的发现之旅。

2. 从达尔文的故事中体会探索的艰辛。学习科学家的科学精神和创新精神，并以此指导自己的实际学习生活。

【困难及解决措施】

采取全英授课方式，在课堂中进行小组讨论和展示、思维碰撞，教学过程具有较大的不可控性，且学生较少接触全英授课，可能会因为不清楚流程而混乱，因此，教师要始终以学生为中心，注意指令清晰，及时引导教学流程，适时地给予学生指导，并及时调控节奏，保证课程顺利进行。

【教学流程】

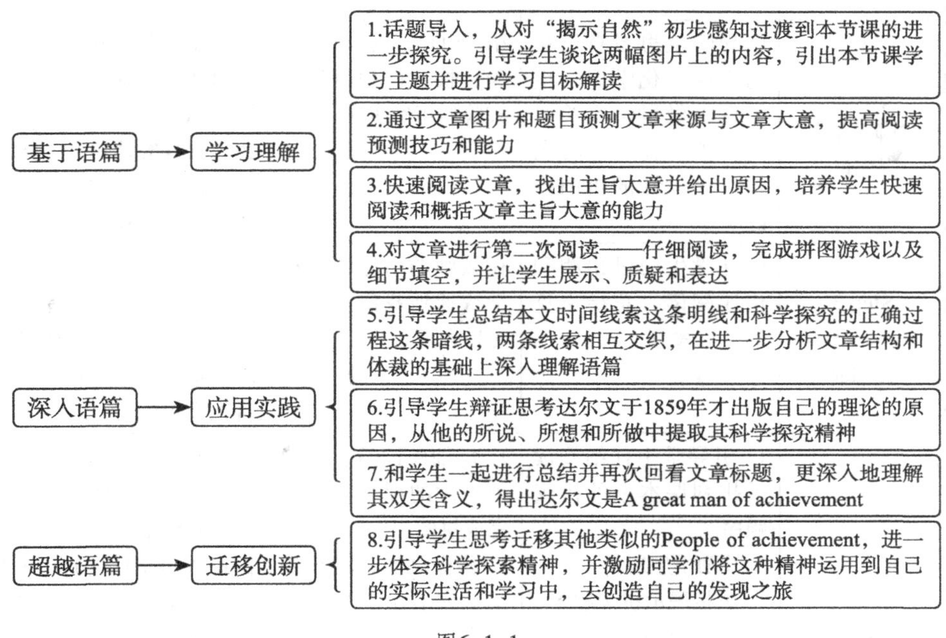

图6-1-1

【教学过程】

表6-1-1

步骤	教师活动	学生活动	设计意图
Step 1 Lead-in	1.从Starting out部分对“Reveal Nature”这一单元主题的初步感知自	1.简单回顾上节课内容	1. 基于单元整体设计，要引导学生留意单元主题，单元内的每个部分

续 表

步骤	教师活动	学生活动	设计意图
Step 1 Lead-in	然过渡到人类是如何"Reveal Nature"的话题。 2.参考教材上的图片，让学生一起来谈一谈他们看到了什么	2.大胆用英语表达自己的观点： ①关于人类的进化； ②长颈鹿的适应性特征，矮长颈鹿因为吃不到叶子慢慢消失	都服务于单元主题，要有前贯后连的意识。 2.激活学生的已有知识（已在《生物学必修2·遗传与进化》课本学过生物进化相关知识），为本节课的学习做好背景知识储备，导入本节课的学习
Step 2 "脚手架" 搭建	引导学生思考自己在物理课、化学课、生物课上做科学实验时的步骤是什么，将老师自己设计的拼图排好顺序	结合自己的实践经验，快速回想做科学实验的正确步骤	基于学生英语基础较弱的事实，教师通过拼读游戏激发学生的兴趣，为后文探究达尔文进化论学说的研究过程做铺垫，搭建"脚手架"
Step 3 To be a fast reader	引导学生通过预测和快速阅读，总结文章的主旨大意	在教师的引导下，科学快速地找出文章的主旨大意	让学生学会用题目和图片预测文章的主旨大意，以及快读阅读的策略，培养总结文章的主旨大意的能力
Step 4 To be a careful reader	1. 引导学生仔细阅读后排列课本上的拼读顺序。 2. 鼓励学生展示： ①黑板展示拼读顺序； ②用英语分享自己的成果。 3. 引导学生对课堂一开始罗列的科学探究顺序进行比较。 4. 引导学生在过程情境中学习、积累词汇并进行板书	1. 仔细阅读后，在老师下发的课程设计上完成拼图。 2. 积极到黑板进行拼读顺序展示，积极站起来分享自己的拼读内容。 3. 在过程情境中学习、积累词汇	1. 检测学生阅读理解程度，培养学生整体阅读能力和仔细阅读能力，提高学生阅读分析水平。学生确定科学探究的正确顺序，和课堂一开始的拼读游戏一致。 2. 培养学生大胆展示和用英语表达自己的能力，使学生加深理解
Step 5 To be a skilled reader	引导学生梳理文章结构，体会文章明暗两条线索的交织	在教师的引领下学会划分文章结构	深入文本，培养学生总结和分析文章结构的能力

续 表

步骤	教师活动	学生活动	设计意图
Step 5 To be a critical reader	1. 板书关键时间点、时间轴，引导学生思考并讨论达尔文为什么一直到1859年才出版《物种起源》一书。鼓励学生大胆表达自己的观点。 2. 创设情境，模拟和达尔文进行一场穿越时空的对话，深入理解，准备迁移。 3. 引导学生小组合作进行讨论，总结达尔文的优秀品质（科学探索精神），并说出自己的感悟	1.认真观看并思考。 2.通过小组合作讨论，基于达尔文遇到以及克服的种种困难和挑战，参考“和达尔文进行的穿越时空的对话”，总结其优秀品质并进行表达	1. 培养学生深度思考和辩证思考的能力，在这个过程中体味达尔文遇到以及克服的种种困难和挑战，为接下来总结达尔文的品质做基础。 2. 基于学生英语基础较弱的情况，创新学习情境，加大语言输入，引发学生进一步思考，为接下来的活动做好过渡。 3. 引导学生总结归纳、辩证思考，由达尔文迁移到自身，并同时在小组讨论中培养团队合作能力
Step 6 Summary	基于学生输出进行总结，达尔文是“A man of achievement”，再次紧扣文章标题，深刻理解，挖掘其双关含义，并继续迁移其他，如“Great people of achievement”	思考并向达尔文身上体现出来的科学探索精神和优秀品质学习	超越文本，培养学生学习科学家不畏艰难、大胆质疑、勇敢探究的科学精神和创新精神
Self-assessment & Consolidation	整理出4个问题，提供给学生课下进行自评和巩固	根据这4个问题进行自我追问，在自我评价中完成巩固	培养学生目标完成意识，通过自评进行查漏补缺，体现教学评一致性
Homework	Prepare a speech about: A: How you think the human species wild volve in the future and draw a picture to illustrate it. B: A Chinese scientist's journey of discovery using the structure we learnt in class		用本节课所学进行相关话题的英文演讲，让学生在课后能进一步对主题进行内化，同时锻炼学生的语言表达能力

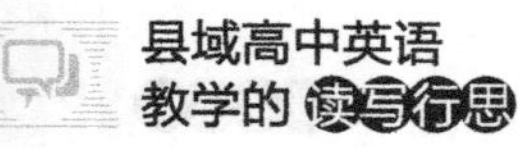

续 表

步骤	教师活动	学生活动	设计意图
板书设计	Revealing Nature —A Journey of Discovery (on the Beagle / to reveal nature) 发现之旅流程 (此处让学生以拼图形式展示到黑板上) disgrace 1831 1835 1859 pride Spirit determined curious observant brave persevering A man of achievements Assessment G1 G2 G3 G4 G5 G6 G7 G8 Word Bank (核心词汇) evolve evolution sample generate finch beak disgrace		

高三英语写作教学案例分析

【教学内容】

以人民教育出版社教材中“Travel journal”话题为背景，根据写作要求提示，组织材料写一篇游记。

【教学目标】

写作技能目标

在学习“Travel journal”模块之后，学生通过理解与把握*Journal down the Mekong*这篇游记，掌握用英文写游记体裁文章的基本技能。

学习策略目标

1. 指导学生学会欣赏游记，并能模仿写出自己的旅游经历与体会。

2. 培养学生选择使用工具书的技能，促进学生写作水平的提高。

情感目标

提高学生的业余生活质量，引导学生欣赏美丽河山，热爱和保护自然，同时加强情感交流。

【教学重难点】

1. 如何做好阅读与写作的衔接。

2. 对学生模仿游记的评价。

【教学过程】

Pre-writing

Activity 1. Show the students some sentences from the reading in this module to remind them of the travel experience of Wang Wei and Wang Kun.

1. I had dreamed about taking a great bike trip.

2. She loves to go for long bike rides in the countryside.

3. She gave a determined look—the kind that said she wouldn't change her mind.

4. When are we leaving and when are we coming back?

5. At first the river is small, clear and cold. Then it begins to move quickly. It becomes a rapids as it passes though deep valleys... At last, the river's delta enters the South China Sea.

6. To climb the mountain road was hard work but going down the hills was great fun.

7. We are reaching Dali in Yunnan Province where our cousins Dao Wei and Yu Hang will join us. We can hardly wait to see them.

At the same time, the teacher asks the students to pay attention to the underlined words, from which they could learn ways to describe their trips and share their afterthoughts with us.

（简评：本教学环节可以起到承上启下的作用，学生脑海中可以复现本模块游记的场景；通过回忆下划线的词语或句型，既可复习巩固，又为新的写作训练架起“引桥”。）

Activity 2. Travel around our country.

T: Do Wang Wei and Wang Kun enjoy their bike trip? (S: Yes.)

And have you made a trip somewhere in our country/our city/our area? Or "Have you ever had such experiences as Wang Wei and Wang Kun?" (For students living in big cities, most of them will say "Yes", for others the teacher may choose the one the students are familiar with.)

For me, traveling around is exciting and there are a lot of places of interest to see in our motherland. Look at the pictures and guess where it is. (Show some slides or pictures.)

Hainan Island; Hongkong; Tian'anmen Square; The Great Wall; Mountain Tai; Qingdao; Huanghe, Temple of Heaven etc. (Or local places of interest.)

（简评：对于大多数学生而言，英语写作并不轻松，也比较乏味。通过师生互动的课堂活动和欣赏图片，既能较好地激发学生的兴趣，引领学生欣赏名胜古迹，又在一定程度上使学生为之振奋，从而激发写作欲望。）

While-writing

Activity 1. Talk about the writing topic. (handout)

假如你是李华，今年五一劳动节，你们班组织了集体登泰山活动，请你根据当时的场景写一篇游记。记述你们班为什么选择登泰山，在登山前做了哪些准备工作，如何到达山顶，途中观察到什么，有什么感受等。

1. Do you want to go traveling around these places? (Yes.) So do I. If we had enough time and enough money, we would go there some day. By the way, I was told that your class went to Mountain Tai during the Labour Day. Am I right? Would some of you share the ideas with me?

2. Brainstorming.

Get the students to ask and answer the question:

Why did you choose to go to Mountain Tai?

The students may give some answers as follows:

A. Mountain Tai is quite beautiful/famous/close to nature.

B. We want to have an interesting trip there.

C. During the climb, we students can help each other, which will strengthen the friendship between us.

D. We had dreamed about climbing Mountain Tai together for long.

E. It's in our province, and we feel proud of it.

F. We want to make a study of the wildlife there.

G. We should try to overcome any difficulty, no matter how hard it is.

H. Mountain climbing is really exciting.

...

(For the above questions, the teacher asks the students to give as much information as possible, and do the same with the following ones.)

1. What did you do before your trip?

2. How did you get to the top of the mountain?

...

（简评：本阶段属于本节课的核心内容。由景而入，激发了学生的兴趣；通过“头脑风暴”活动，既活跃了课堂气氛，拓展了学生的思维，又能够锻炼学生口头表述事实和交流信息的能力，这些可理解的输入为下一步写作做好了语言上的准备。同时，本环节体现了读写一体的原则，即每个句子的正确性为整篇文章的写作打下了良好的基础。）

Activity 2. Put the ideas into sentences and then into passages.

1. First, ask the students to write down some sentences about their climbing. Ask them to make out an outline, topic sentences of the paragraphs, and some key words and phrases. They can also combine the answers to the above questions and then revise them with the advice from others.

2. Next, get the students to put their sentences in order. And share their writing with their partners. (Before getting the students to start, remind them of the differences between a diary and a journal.)

3. Then, students write the travel journey, using linking words and relative pronouns.

While carrying out this work, the teacher may walk around the students to give some help when necessary.

（简评：通过问题的互动，学生积累了写作素材。同时，学生写作技能的培养在这里也得到了集中体现。从整理思路、组织素材，到列出提纲、遣词造句、写出文章，整个过程是连贯的、是一体的。在这个环节中，教师使用了“任务型”教学法，通过学生的班级活动、小组活动，提高了学生之间的交流、合作能力。在小组交流过程中，教师应尽量参与到讨论当中，并能适时地加以指导，也就是说，教师的身份应该是活动的组织者、学生的指导者和启发者，学生才是课堂的主体，一切活动应围绕学生来展开。）

Post-writing

Activity：Get the students to evaluate their compositions in groups.

1. Exchange their writing with other members in the groups (two or four students in a group), and ask the students to give some comments on the one he or she has read.

2. The teacher should get the students to pay attention to the following points to make necessary corrections while reading their partners' writing.

(1) Basic skills (spelling, capitalization, punctuation)

(2) Key points

(3) Suitable words and expressions

(4) Grammar (tense, voice, sentence structures)

(5) Logical problems (conjunctions, orders)

3. Get each group to recommend one or two passages and share it with the rest of the class. And the teacher chooses one or two of them to mark them in class with the help of overhead projector and gives some comments.

4. Ask the students to make necessary changes in their writing and copy them in their exercise book for further correction.

［简评：同伴评价实际上是合作学习的一种形式，其重要理论基础就是考卡夫（Kafka K）最早提出的“群体动力理论”（group dynamics）。通过组内讨论交流、小组评选，学生对自己所写作文的要求与要点以及注意事项都有了大体的印象。教师再利用实物投影选择不同层次代表性的文章当堂点评。对于学生作文中比较容易出现的问题，教师应提出合理化建议并加以纠正，如时态错误等。如果学生能在写作中体现出比较深层次的认识，教师应

该及时加以表扬，从而培养学生的写作热情，提高学生评价和欣赏文章的水平。］

Homework

找出自己一次外出游玩的照片，制成小册子，配以英语说明，说明中需增加自己的点评，然后向全班展示。

Languages Around the World大单元教学设计

【单元内容】

The theme of this unit is language development and language learning. It belongs to the topic of man and society. The speech will motivate our interest to learn more information about language and learn more foreign languages. We also can conclude some differences between American English and British English to avoid inappropriate expressions when communicating with foreigners. After summarizing the development of Chinese characters, we are supposed to have a wider international view and cultivate self-confidence of Chinese culture. It is hoped that we can ask for help on difficulties encountered in learning English and suggestions for solving these difficulties.

Are we familiar with the languages around the world? How many kinds of languages can we recognize? Are we interested in the different kinds of languages? Let's start our language journey!

【课标要求】

表6-1-2

核心素养	课标要求		
语言能力	语言知识	语音	了解并体会英式英语与美式英语在发音上的主要区别
		词汇	能正确使用与“语言发展和语言学习”主题相关的词和词块来理解和表达
		语法	理解并运用关系副词 when，where，why 引导的定语从句；理解 in/on/at which 在定语从句中相当于when，where；能够运用定语从句描述事物的具体信息
		语篇	1. 阅读介绍汉字书写体系发展的说明性语篇，理解语篇特点以及组织结构。 2. 阅读网络社区征询意见和解决办法的新媒体语篇，了解其语言特色和文本特征
		语用	1. 掌握请对方解释和说明的表达方式和沟通技巧。 2. 能够就英语学习问题和方法在网络社区发表自己的看法和观点
	语言技能	听	听一段演讲，提炼语言使用现状、联合国工作用语及母语使用者最多的语言的具体信息，体会英美式英语的发音区别
		说	能够清晰地表述出他人及自己学习外语的理由，表达自己关于如何学好语言的见解及策略
		读	1. 阅读中国汉字发展历程说明文，总结汉字发展的原因及意义，提升中华文化自信，明确说明文本特点及结构。 2. 阅读网络社区征询意见和解决办法的新媒体语篇，了解其语言特色和文本特征
		写	1. 能够运用定语从句描述事物的具体信息。 2. 能够就自己对英语学习问题和方法的看法和策略，写出一篇新媒体语篇博客
		看	观看中国汉字发展的一段视频，总结汉字影响发展的主要原因，探究文字对文化发展带来的深远影响
学习能力	1. 能够关注听力中重要代词的指代意义。 2. 能够运用寻读的技巧快速找到阅读文本中的相关信息。 3. 能够结合上下文理解词义；学会使用英汉词典，并能用英语解释词义。 4. 正确认识英语学习的意义，面对学习困难能分析其原因并尝试解决		

续 表

核心素养	课标要求
文化意识	1. 了解中国汉字的发展历史，理解汉字与中华文化传承的关系，主动思考未来汉字在全球范围内的发展与使用。 2. 了解联合国的六种工作语言，能从多角度思考外语学习的动机。 3. 积极探寻和思考语言学习的各种技巧和方法
思维品质	能够通过观察语言和文化的发展，客观分析、辩证思考事物发展的因果关系；能够发散思维，从多个视角认识世界，归纳影响中国文化发展的多元因素

【单元目标】

By the end of this unit, we will be able to :

1. Introduce different languages around the world and broaden your horizons.

2. Explain reasons why people study a foreign language and form an initial perception of the importance of language learning.

3. Write a blog to describe difficulty in learning a foreign language and list useful solutions to settle them.

4. Promote self-confidence of Chinese cultures and learn from the excellent foreign cultures.

【单元任务】

The influence of Confucius Institutes in the world is growing. While we are all learning foreign languages, others are also learning Chinese. Through the Confucius Institute, our country can not only carry forward the Chinese culture, but also promote communication with other countries. You now have an opportunity to deliver a speech about your understanding of the importance of learning language for development and communication. Are you interested in it? We're waiting for you. In this unit, you'll read about the development of Chinese characters and students' difficulties in learning English, listen to a speech about learning foreign languages, talk about reasons why people study a foreign language, and write a blog about language study.

【学习导航&评价预设】

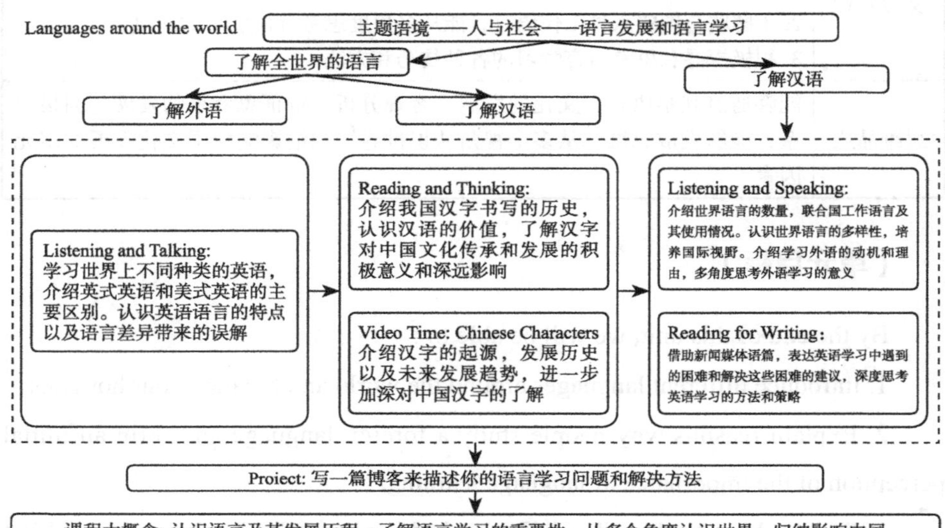

图6–1–2

表6–1–3

Stage	Overall Perception	Exploration& Construction	Application& Transfer	Reconstruction & Expansion
Periods	1	7	2	2

【单元学习目标追求】

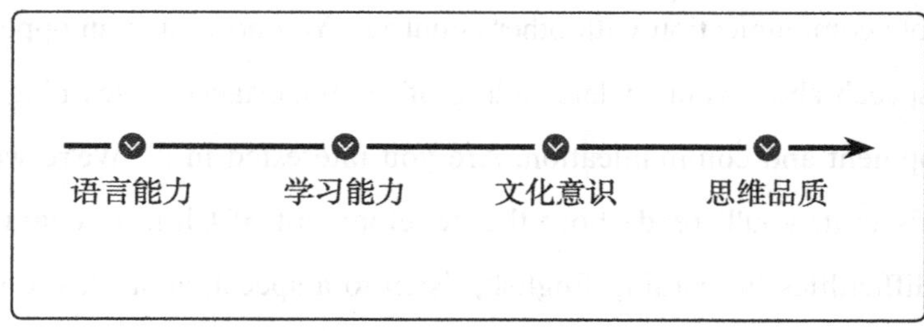

图6–1–3

I Overall Perception

Languages around the world

—List some countries and the languages spoken in these countries

Learning Objectives:

1. Construct the theme-related vocabulary about languages around the world.

2. List some countries and the languages spoken in these countries.

3. Express your opinions on English learning freely.

Context and Task:

Confucius Institutes are non-profit educational institutions jointly established by China and foreign countries. They are committed to meeting the needs of people in all countries and regions in the world for Chinese language learning and enhancing their understanding of Chinese language and culture. China has set up 550 Confucius Institutes and 1,172 Confucius classrooms in primary and secondary schools in 162 countries (regions). Now, you will be volunteering in different countries, so in order to spread Chinese culture better we need to know the local language.

Activity 1. Match each photo with the correct country name. Then discuss which languages are spoken in these countries.

图6-1-4

Activity 2. Construct the theme-related vocabulary.

表6-1-4

The language of the country	The name of the language	Linguistic feature	Language history

Activity 3. Debate competition.

With the world becoming a global village. English is getting more and more important. So mastering English means we can see the world through a new window. But there are also some different views on the role of English. On the one hand,some students think it useful to learn English. On the other hand,some students think it is useless. So,what's your opinion? In the debate competition,you can express yourself freely.

Pros(正方)	VS	Cons(反方)
useful		unuseful

图6-1-5

Ⅱ Exploration & Construction

Languages around the world

—Explore the Chinese writing system

Learning Objectives:

1. Figure out the usage of languages and discuss to explain your reasons for

learning foreign languages by listening to a speech.

2. Explore the Chinese writing system and its significance by summarizing the development of Chinese characters and its importance.

3. Understand the language featuresand recognize the importance and value of learning foreign languages.

Context and Task:

In order to do volunteer work in Confucius Institutes around the world and spread Chinese culture, especially Chinese character culture, you should improve your own quality of Chinese character culture. You are supposed to summarize the development of Chinese characters and its significance.

Activity 1. Explore languages around the world.

1. Listen to a speech and tick (√) the two languages with the most native speakers. Circle the official languages of the United Nations (UN).

□ Russian	□ Chinese	□ Korean	□ Japanese
□ Spanish	□ Arabic	□ English	□ French

2. Listen to the speech again and answer the questions.

1) What is the main topic of this speech?

2) How many languages are there in the world?

3) How many billion people speak the UN's official languages as their native or second language?

4) What is the attitude of the speaker towards foreign language learning?

Activity2. Explore the Chinese writing system and its significance.

1. Predicting the content of the passage.

Look at the title and the picture, and then predict what the passage will be about.

What will be talked about?

What may be the author's intention of writing the passage?

2. Read the passage and summarize the main idea of the passage and the main idea of each paragraph.

表6–1–5

Main idea	
Para 1	
Para 2	
Para 3	
Para 4	
Para 5	
Para 6	

3. Scan the text and write down what happened at each of those important times.

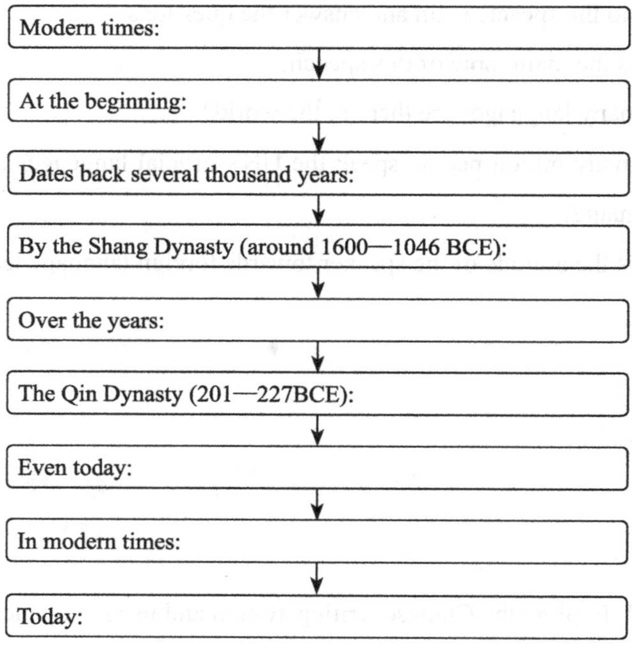

图6–1–6

4. Thinking & Discussion:

Nowadays, people are depending too much on the computer and phones. Many of them don't write the Chinese characters by hands. Think about the following questions and have a discussion with your partners .

① What do you think of it?

② Why do you think written Chinese has survived for so long?

③ Why do you think an increasing number of international students become interested in learning the Chinese language?

Ⅲ Application & Transfer

Languages around the world

—Describe your language learning problems and solutions in a blog

Learning Objective:

1. Analyze the language features and organization of a blog.

2. Write a blog about problems and advice in learning English.

3. Reflect and summarize your opinions or strategies on language learning.

Context and Task:

English is the most popular language by area. It is the most widely studied second language and is the official language or one of the official languages of nearly 60 sovereign countries. Therefore, learning English well can help you communicate well in many countries where Confucius Institutes are established. Next week, our class will have a discussion about how to learn English effectively and share your problems or advice on them. You will have a chance to settle your problems in learning English and get lots of useful suggestions in the meeting.

Activity1. Read the passage on the P66 by yourself and find out problems they have and conclude useful advice they have.

表6–1–6

Name	Problem	Advice
Liu Wen		
Jia Xin		
Li Rui		

Activity2. Write a blog about English study.

1. Work in groups. List your problems in learning English and brainstorm some useful advice and then choose one of the problems from your group discussion and write a blog about it.

表6–1–7

☐ I don't know how to... ☐ ... is a big difficulty for me. ☐ I can not...	☐ I have no idea how/what... ☐ My biggest problem is... ☐ I also have trouble with...
☐ You might try... ☐ It is very important to...	☐ My advice is... ☐ This worked for me

Problem	Advice
I cannot understand the teacher's English in class	

图6–1–7

2. Write a short description of your experiences in learning English. You can refer to the outline below.

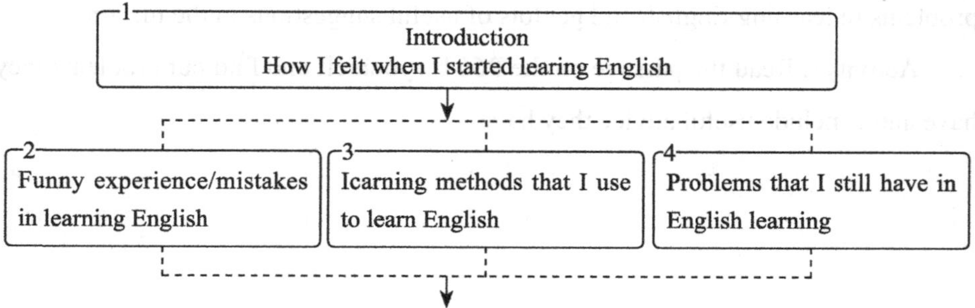

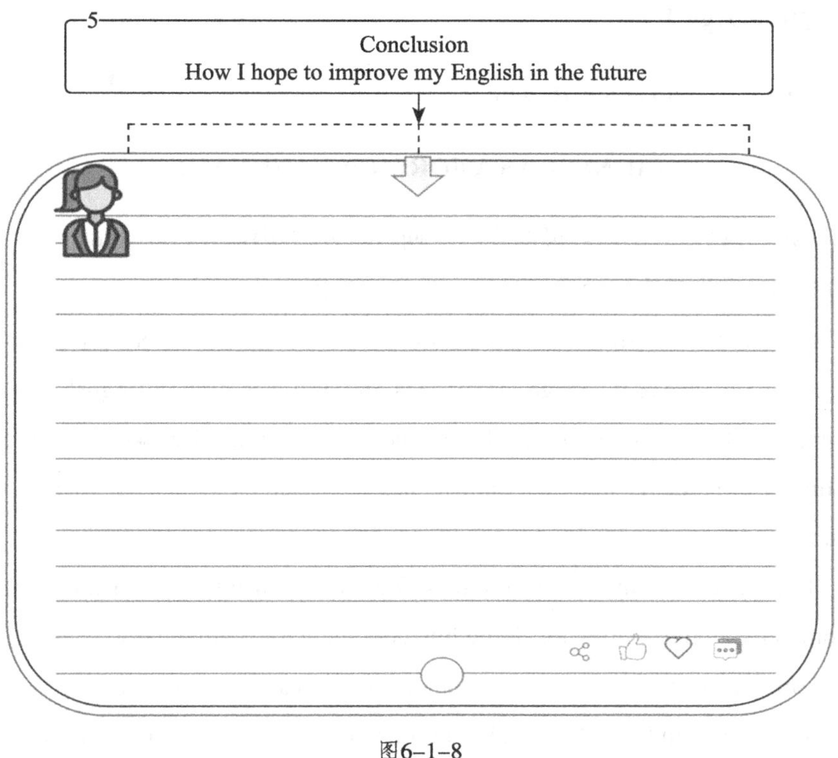

图6-1-8

Ⅳ Reconstruction & Extension

Languages around the world

—Reconstruct as a whole about languages

Learning Objectives:

1. Broaden your horizons by reading the provided extensive reading materials.

2. Reconstruct the mind map of languages to have a better understanding of the whole unit.

3. Explore and promote your useful skills of learning a foreign languages.

【单元拓展】

Activity . Group article reading.

CHINESE AS A FOREIGN LANGUAGE

词数：342　　文体：说明文　　摘自：外研版Book8 Module4

越来越多的老外开始学习汉语，你认为是因为什么呢？

Who wants to learn Chinese? Just about everybody in the world, it seems. The demand for Chinese as a foreign language is growing fast, both in English-speaking countries, such as Britain and the USA, and in other countries like France, where the number of students studying Chinese has increased by 15% each year in recent years.

There are a number of reasons for the interest. As China develops economically, opportunities for doing business increase dramatically① —and if you know your partner's language, your chances of success increase. But there is also a renewed② interest in the culture and traditions of China; the fact that Chinese culture has continued uninterrupted③ for more than 5,000 years is a source of curiosity and fascination for people in other parts of the world.

A third reason is that learning Chinese is, simply, a challenge. With its characters and complicated tone system, most speakers of other languages think Chinese must be incredibly difficult. But is it really so? As one American student says, "The biggest problem about learning Chinese is often fear—sometimes caused by the teachers. I've studied quite a few languages, and none of them are as easy for me as Chinese. The grammar is easy, since sentence order is similar to English-but simpler. The only difficult part of spoken Chinese is the tone system. Even that isn't

---

① dramatically *adv*. sharply; change suddenly

② renewed *adj*. new, improved

③ uninterrupted *adj*. having undisturbed continuity

a big problem. I remember the first time I heard a native of Beijing speaking, it was so clear!"

With so much interest in the language, the Chinese government introduced an International exam system.

Established in 1990, the HSK test was initially meant for those learners who regard Chinese as a second or foreign language. Later, it was introduced abroad. At the moment, there are more than 100 exam centre in 27 countries around the world, with nearly 150,000 candidates taking the exam every year. And a spin-off of this is that teaching Chinese as a foreign language offers young Chinese language graduates interesting professional opportunities—and a chance to travel across the world.

Comprehending

1. Why do people want to learn Chinese?

2. Is Chinese a difficult language for foreigners? Why?

ENGLISH AND ITS HISTORY

词数：650　　文体：说明文　　摘自：牛津译林版Module 3 Unit 2

学了这么多年的英语，那你知道英语的发展历史吗？

All through history, people from many different countries and cultures have lived together in Britain. The English language is made up of the grammar and vocabulary these people brought to Britain. That is why English has so many difficult rules that confuse people.

Old English

Old English is very different from the English we speak nowadays. In fact, we would not be able to understand it if we heard it today. Before 5th century, people in Britain all spoke a language called Celtic. Then two Germanic groups from the European mainland—the Angles and the Saxons—occupied Britain. Old English consisted of a mixture of their languages. (Both the English language and the English people are named after the Angles; the word Angle was spelt Engle in Old English.) Apart from place names such as London, very few Celtic words became part of Old English. At the end of the 9th century, the Vikings, people from Northern European countries such as Denmark and Norway, began to move to Britain. They brought with them their languages, which also mixed with Old English. By the 10th century, Old English had become the official language of England.

When we speak English today, we sometimes feel puzzled about which words or phrases to use. This is because English has many words and phrases from different languages, but with similar meanings. For example, the word sick came from a word once used by the Angles and the Saxons, while ill came from a word once used by the Norwegians.

Middle English

Middle English is the name given to the English used from around the 12th to the 15th centuries. Many things played a part in the development of this new type of English. The most important contribution was from the Normans, a French-speaking people who defeated England and took control of the country in 1066. However, the Norman Conquest did not affect English as much as the Angles and the Saxons' victory about 600 years earlier, which led to Old English replacing Celtic. Even though the Normans spoke French for the entire 250 years they ruled England, French did not replace English as the first language. On the other hand, the English language did borrow many words from French. This resulted in even more words with similar meanings, such as answer (from Old English) and reply (from Old French). It is interesting to learn how the words for most animals raised for food, such as cow, sheep and pig, came from Old English. However, the words for the meat of these animals, which was served to the Normans, came from Old French: beef, mutton, pork and bacon.

Old French made other contributions to Middle English as well. In Old English, the Germanic way of making words plural was used. For example, they said house instead of houses, and shoe instead of shoes. After the Normans took control, they began using the French way of making plurals, adding an –s to house and shoe. Only a few words kept their Germanic plural forms, such as man/men and child/children.

After the Norman Conquest, high–class people spoke French while common people spoke English. However, by the latter half of the 14th century, English had come into widespread use among all classes in England. In 1399, Henry Ⅳ became King of England. His mother tongue was English, and he used English for all official events.

Modern English

Modern English appeared during the Renaissance in the 16th century. Because of this Modern English includes many Latin and Greek words. Pronunciation also went through huge changes during this period. Of course, this was not the end of the changes in the English language. The question of whether English will keep on changing in the future is easy to answer. It is certain that this process will continue, and people will keep inventing new words and new ways of saying things.

Comprehending

1. Why does the English language have so many rules that confuse people?

2. Where did the word English come from?

THE BRITISH AND AMERICAN ENGLISH

词数：586　　文体：说明文　　摘自：外研版Book5 Module1

你知道英式英语和美式英语有什么不同吗？这么多的不同影响沟通理解吗？从下面的文章中找找答案吧！

British and American English are different in many ways. The first and most obvious way is in the vocabulary. There are hundreds of different words which are not used on the other side of the Atlantic, or which are used with a different meaning. Some of these words are well known—Americans drive automobiles down freeways and fill up with gas; the British drive cars along motorway① and fill up with petrol. As a tourist, you will need to use the underground in London or the subway in New York, or maybe you will prefer to get around the town by taxi (British) or cab (American).

Chips or French fries?

But other words and expressions are not so well known. Americans use a flashlight, while for the British, it's a torch. The British queue up; Americans stand in line. Sometimes the same word has a slightly② different meaning, which can be confusing. Chips, for example, are pieces of hot fried potato in Britain; in the States chips are very thin and are sold in packets. The British call these crisp. The chips the British know and love are French fries on the other side of the Atlantic.

Have or have got?

There are a few differences in grammar, too. The British say "Have you got...?" while Americans prefer to "Do you have...?" An American might say "My riend just arrived", but a British person would say "My friend has just arrived". Prepositions, too, can be different: compare on the team, on the weekend (American) with in the team, at the weekend (British). The British use prepositions where Americans

① motorway *n*. a major road that has been specially built for fast travel over long distances

② slightly *adv*. some degree but not to a very large degree sometimes omit[①] them (I'll see you Monday; Write me soon!).

Colour or color?

The other two areas in which the two varieties differ are spelling and pronunciation. American spelling seems simpler: center, color and program instead of centre, colour and programme. Many factors have influenced American pronunciation since the first settlers arrived four hundred years ago. The accent, which is most similar to British English, can be heard on the East Coast of the US. When the Irish writer, George Bernard Shaw, made the famous remark that the British and the Americans are two nations divided by a common language, he was obviously thinking about the differences. But are they really so important? After all, there is probably as much variation of pronunciation within the two countries as between them. A Londoner has more difficulty understanding a Scotsman from Glasgow than understanding a New Yorker.

Turn on the TV

Some experts believe that the two varieties are moving closer together. For more than a century, communications across the Atlantic have developed steadily. Since the 1980s, with satellite TV and the Internet, it has been possible to listen to British and American English at the flick of a switch. This non–stop communication, the experts think, has made it easier for British people and Americans to understand each other. But it has also led to lots of American words and structures[②] passing into British English so that some people believe that British English will disappear.

However, if you turn on CNN, the American TV network, you find newsreaders and weather forecasters all speaking with different accents—American, British, Australian, and even Spanish. One of the best–known faces, Monita Rajpal, was born in Hong Kong, China, and grew up speaking Chinese and Punjabi, as well

① omit *v.* not to include someone or something, either deliberately or because you forget to do it

② structure *n.* the way in which the parts of something are connected with each other andform a whole, or the thing that these parts make up as English.

This international dimension2[①] suggests that in the future, there are going to be many "Englishes", not just two main varieties. But the message is "Don't worry". Users of English will all be able to understand each other wherever they are.

Comprehending

1. What are the differences between British and American English?

2. Read the passage and find the examples in the passage.

1) An American word that British people don't use.

2) A British word that Americans don't use.

3) An American expression which British people don't use.

4) A word which has a different meaning on the other side of the Atlantic.

5) A difference in grammar; a difference in spelling.

NEITHER PINE NOR APPLE IN PINEAPPLE

词数：397 文体：说明文 摘自：新外研版Book1 Module2

英语单词也有很多美妙之处，我们一起来探索语言的魅力吧！

Have you ever asked yourself why people often have trouble learning English? I hadn't, until one day my five-year-old son asked me whether there was ham in a hamburger. There isn't. This made me realize that there's no egg in eggplant either. Neither is there pine nor apple in pineapple. This got me thinking how English can be a crazy language to learn.

For example, in our free time we can sculpt1 a sculpture and paint a painting,

① dimension *n*. a part of a situation or a quality involved in it but we take a photo. And when we are traveling we say that we are in the car or the taxi, but on the train or bus! While we're doing all this traveling, we can get seasick2 at sea, airsick in the air and carsick in a car, but we don't get homesick3 when we get back home. And speaking of home, why aren't homework and housework the same thing?

If "hard" is the opposite of "soft", why are "hardly" and "softly" not an opposing pair? If harmless actions are the opposite of harmful actions, why are shameless and shameful behaviors the same?

When we look out of the window and see rain or snow, we can say "it's raining" or "it's snowing". But when we see sunshine, we can't say "it's sunshining".

Even the smallest of words can be confusing. When you see the capitalized "WHO" in a medical report, do you read it as the "who" in "Who's that?" What about "IT" and "US"?

You also have to wonder at the unique madness of a language in which a house can burn up as it burns down, in which you fill in a form by filling it out, and in which an alarm is only heard once it goes off!

English was invented by people, not computers, and it reflects the creativity of the human race. That is why when the stars are out, they are visible, but when the lights are out, they are invisible. And that is why when I wind up my watch, it starts, but when I wind up this passage, it ends.

Comprehending

How many confusing examples does the author mention in the passage? Can you find out and write down?

【单元重构】

Activity. Review the unit and reconstruct the 4 structures of "sports and fitness".

Review the unit and reconstruct the 4 structures of "Languages around the world". You can refer to the mind map below.

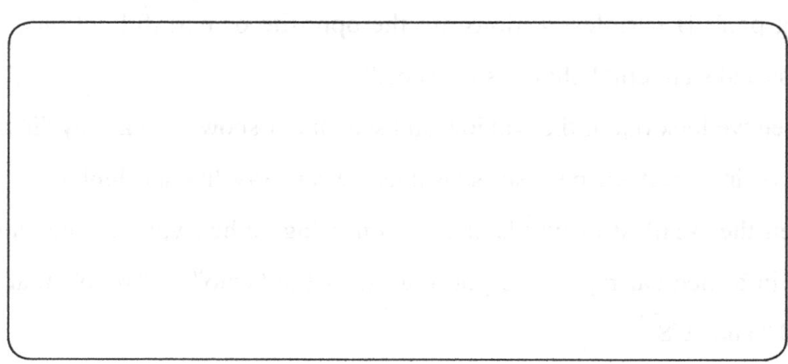

附1：U5 Languages around the world单元过关

I. 单词拼写

1. Though he is not a (本国的) English speaker, he can speak English very fluently.

2. I don't think it's fair to accuse me of having an(态度) problem.

3. Computer hackers have broken down security(系统)，raising questions about the safety of information.

4. The written word is a(符号) for recording human speech.

5. People change their mind for a (多样化) of reasons.

6. This is the (典型的) question most of us hear during an interview.

7. Physical activity is an important (因素) in keeping fit.

8. A great actor can bring a(角色) to life.

9. We know that these were (具体的) instructions.

10. (尽管)the efforts of the United Nations, the problem of drug continues to grow.

Ⅱ. 选词填空

have trouble with，struggle for，have... working，be equal to，relate to，depend on

1. We should help those who are still ________ freedom.

2. It's cruel of the man to ________ the horse all day long.

3. His remarks didn't ________ the topic under discussion.

4. Please don't hesitate to turn to us for help whenever you ________ your study.

5. The poor man ________ his son to earn money.

6. Old as he is, he ________ running a factory.

Ⅲ. 用定语从句完成句子

1. The reason was that he was ill in bed.

他不能到那里去的原因是他卧病在床。

2. We are living in an age on the computer.

我们生活在许多事情可以在电脑上做的时代。

3. After graduation he returned to the small town .

毕业以后，他回到那个他长大的小镇上。

4. I'll never forget the days.

我永远也不会忘记和你一起工作的日子。

5. I still remember the time by plane.

我仍然记得第一次坐飞机旅行的时候。

Ⅳ. 阅读理解

A

Language is a bridge of different culture. The more people across the world speak each other's mother language, the better understanding they will develop. I am happy that about 300 million Chinese, almost the size of the entire US population, are learning English. Meanwhile, in the USA, there are many Americans who are studying Chinese. One of my former colleagues was the envy of our group, partly because he spoke many languages well, especially Chinese.

To a certain extent, I became inextricably (密不可分地) bound up with

Chinese through my life. I still remember in March 2013 I moved from New York City to Washington D. C. The students there, many of whom had studied Chinese for years, desired to visit China, meet Chinese people and learn more about Chinese culture and history.

While writing a column, I checked online and found that an impressive Chinese language teacher, Christina Stouder, was still working in Washington D. C. Having spent years in China, including teaching in Hunan province, she not only spoke fluent Chinese but was also skilled in Chinese culture, history and society.

Caitlin Keliher was a student at George Washington University in November 2013 when I met her at "Chinese tea time", a regular Chinese event at the university's Sigur Center for Asian Studies. I loved the gatherings because the professor Edward McCord was a brilliant Chinese history professor, whose knowledge I found was the most fascinating. When I checked out Keliher online on Wednesday, she was working at Harvard China Fund as a pro-gram coordinator (协调者) after finishing her graduate study at Harvard Kennedy School.

Over the years, I have interviewed passionate students of the Chinese language not just in the USA, but also in Spain, France, Portugal, Cuba and Belgium, where I am now based. I feel delighted when young people greet me with nihao (Chinese for hello) in a Carrefour supermarket or the park near my apartment in Brussels.

1. What does paragraph l mainly talk about!

A. The popularity of learning Chinese.

B. The benefits of learning a foreign language.

C. The number of people learning English.

D. The author's feeling of the former colleague.

2. How did the author develop the text?

A. By listing some relative data.

B. By stating his own real emotion.

C. By showing his own experience.

D. By imagining some potential endings.

3. What do we know about the author?

A. He lives in Washington D. C. now.

B. He can speak several foreign languages.

C. He enjoys knowing more about Chinese.

D. He met Caitlin Keliher in a Chinese university.

4. What may be the best title for the text?

A. My Close Connection with Chinese.

B. My Achievements of Learning Chinese.

C. My Experience of Researching Chinese.

D. My Unique Understanding of Chinese.

B

Growing up in Venezuela, there was never really much cause to learn English. For five years, I spent two hours a week completely involved in understanding "to be", numbers, colors, and the differences between saving "good evening" and "good night". I would always get top marks. Yes, that used to be me, walking like a queen among everyday, Spanish speakers. "Bring it on, life." I said. "I can deal with whatever you've got."

But when I moved to Canada, life hit me so hard that it knocked me down. Years later, I am still recovering. Living in a new land, with different people, new rules, new weather, a new culture and language, 1 was no longer a queen. Did I speak English? No, not at all. So, I went back to school, thinking that it was a challenge I would conquer in record time. But English was more like a wall in my path. Even after getting a job, it took all my courage to stop myself from crying, completely at a loss and scared. Learning English, speaking, listening—it hurt me. Not the language. Not the unkind people. It hurt because I wasn't good, despite my efforts.

Now, after almost seven years in Canada, I've decided not to say sorry for my accent. grammar mistakes, or pronunciation. I'm going to run after my dreams and enjoy a beautiful, rich and fascinating language. Don't get me wrong. My brain still screams "Give me a break!"from time to time, but that's completely natural. I know it's going to take a while, but at least now I accept the person I am— not the perfect person I thought I was.

5. What can we learn about leaning English in Venezuela from the passage?

A. Everyone put much lime in it.

B. It didn't need much effort.

C. Its standard was very high.

D. It brought advantages to students.

6. What does the underlined sentence in Paragraph I show about the author?

A. She was proud of her level of foreign languages.

B. She fell confident enough lo face any challenge.

C. She was brave in competitions.

D. She looked down on others.

7. What happened right after the author moved to Canada?

A. She found her feet in the new environment quickly.

B. She regretted not working hard in English.

C. She quickly put her language talent to use.

D. She expected to improve her English easily.

8. We can infer from the last paragraph that the author ________ .

A. has a practical understanding of herself

B. can now speak English quite beautifully

C. has conquered English finally

D. is worried about her English

C

One of the most enjoyable experiences you can have is to learn another language. In the United States, more and more people speak Spanish. Learning Spanish may be a great way for you to communicate with new people. Perhaps it can even help you with your business! There are many reasons to learn Spanish. But how will you do it?

Many high-schoolers and even middle-schoolers have learned a new language, so it's quite necessary for us adults to learn a foreign language. Have you taken a class to learn Spanish? Perhaps you haven't, but you still want to learn. What can you do? There are many ways you can learn Spanish. Now we are not talking about learning it from someone you don't know in the street! Learning Spanish can be fun and shouldn't be viewed as a punishment. Okay, so where do you begin to look to learn Spanish? Here's one website that can help you. It's the Learn Spanish Resource Site. You can learn Spanish online through one of the many Spanish teaching websites. Not for you? Another choice of learning Spanish is to check if there is anything available at your local college or even local library. Still want more options on how to learn Spanish? You can always check out the tapes and videos that can help you learn slowly.

Learning Spanish can do more for you than just allowing you to communicate with new people. Providing Spanish language on your website can help you attract new customers. You can also learn quite a bit about the culture, the traditions, and the history of those countries that speak that language.

9. This passage is most probably written for ________.

A. teachers　　B. businessmen

C. pupils　　D. travelers

10. The reasons to learn Spanish mentioned in the passage are the following ones except ________.

A. learning Spanish may be a great way to communicate with new people

B. learning Spanish because it is the best language in the world

C. learning Spanish can help you with your business

D. learning Spanish can help you can also learn quite a bit about the culture, the traditions, and the history of those countries that speak that language

11. Which of the following ways for learning Spanish does the author not

suggest in the passage?

A. Learn Spanish online on a Spanish teaching website.

B. Go to the local college to find some reference books.

C. Go to buy some tapes and videos about Spanish learning.

D. Go and find some other Spanish learners to learn with.

12. In the author's opinion, learning a foreign language ________.

A. requires a lot of time B. is not as easy as people think

C. can give us much pleasure D. is a painful experience

V. 完形填空

Many language learners think their pronunciation is good enough because their teacher doesn't correct them too often or because other students can __1__ them.

Pronunciation is the area which is __2__ the least attention to in language learning. Most teachers __3__ just let their students speak. The teachers stop them __4__ the students say something completely wrong. Working on each student's pronunciation in class is just __5__. Also, the students who are __6__ at pronunciation may be afraid that it will embarrass (使尴尬) their classmates if they help __7__ their mistakes.

Although you believe your pronunciation is good enough to __8__, you may be __9__ when you actually go to a foreign country. One of my friends was the best student in his __10__ class in Poland. However, when he went to America, he found Americans didn't understand __11__ of what he said.

Your pronunciation may still be quite __12__ that of a native speaker. If this is the __13__, other people will find it __14__ to understand what you're saying and will not be comfortable with you.

__15__, don't think you can communicate in a foreign language __16__ you've tested your skills on real native speakers. __17__ for native or near-native pronunciation so that people you talk to can communicate with you __18__. In order to achieve this goal, there's no __19__ that you will need to start thinking about pronunciation and __20__ time on it.

1. A. mistake	B. watch	C. surround	D. understand
2. A. made	B. paid	C. found	D. called
3. A. never	B. ever	C. even	D. usually
4. A. even if	B. as if	C. only if	D. so that
5. A. fantastic	B. impossible	C. necessary	D. important
6. A. poor	B. well	C. good	D. strict
7. A. point out	B. work out	C. try out	D. put out
8. A. communicate	B. travel	C. pronounce	D. exchange
9. A. happy	B. sad	C. surprised	D. excited
10. A. Polish	B. French	C. English	D. German
11. A. none	B. half	C. rest	D. lot
12. A. near to	B. far from	C. near from	D. next to
13. A. same	B. matter	C. case	D. fact
14. A. easy	B. beneficial	C. convenient	D. hard
15. A. In a word	B. In other words	C. In total	D. On the contrary
16. A. when	B. until	C. after	D. while
17. A. Stand	B. Look	C. Aim	D. Search
18. A. easily	B. difficultly	C. truly	D. practically
19. A. way	B. need	C. doubt	D. wonder
20. A. take	B. cost	C. spend	D. kill

Ⅵ. 语法填空

阅读下面短文，在空白处填入一个适当的单词或括号内单词的正确形式。

The English language is made up of the grammar and vocabulary these people brought to Britain. That is __1__. English has so many difficult rules that make people __2__ (confuse).

Old English consisted of a mixture of their languages. __3__ from place names such as London, very few Celtic words became part of Old English. When we speak English today,we sometimes feel puzzled about which words or phrases to use. This is __4__ English has many words and phrases from different languages, but with similar meanings.

Middle English is the name __5__ (give) to the English used from around the 12th to the 15th centuries. Many things played a part in the development of this new type of English. The most important __6__ (contribute) was from the Normans. However, the Norman Conquest did not affect English as much as the Angles and the Saxons' victory about 600 years earlier, which led to Old English replacing Celtic, It is interesting to learn how the words __7__ animals and meat developed.

Modern English appeared during the Renaissance in the 16th century. Of course, this was not the end of the changes in the English language. The question of __8__. English will keep on changing in the future is easy __9__ (answer). __10__ is certain is that this process will continue, and people will keep inventing new words and new ways of saying things.

Ⅶ. 书面表达

随着国家日益富强，汉语在世界上的地位逐渐提高。目前你校英文报正在进行征文活动，主题是汉语热。假如你是李华，你打算给该报编辑部投稿，要点如下：

内容：

1. 许多国家学生开始学汉语。

2. 汉语对于了解中国很重要。

3. 汉语热体现了我国在国际地位的提高。

注意：

1. 词数100个左右。

2. 可以适当增加细节，以使行文连贯。

Dear Editor,

____

____

____

____

____

Yours sincerely,

Li Hua

附2：大单元教学设计方案撰写参考框架

表6–1–8

<table>
<tr><td>单元名称</td><td>B1U5 Languages Around The World</td><td>学科（领域）</td><td>英语</td><td>单元总课时</td><td>12</td></tr>
<tr><td>年级</td><td>高一</td><td>班额</td><td>50</td><td>课程类型</td><td>新授课</td></tr>
<tr><td>设计者</td><td colspan="3">王萌</td><td>学段</td><td>高一</td></tr>
<tr><td>背景分析</td><td colspan="5">
<table>
<tr><td>核心素养</td><td colspan="3">课标要求</td></tr>
<tr><td rowspan="5">语言能力</td><td rowspan="5">核心素养</td><td>语音</td><td>了解并体会英式英语与美式英语在发音上的主要区别</td></tr>
<tr><td>词汇</td><td>能正确使用与“语言发展和语言学习”主题相关的词和词块来理解和表达</td></tr>
<tr><td>语法</td><td>理解并运用关系副词 when，where，why 引导的定语从句；理解 in/on/at which 在定语从句中相当于 when，where；能够运用定语从句描述事物的具体信息</td></tr>
<tr><td>语篇</td><td>1.阅读介绍汉字书写体系发展的说明性语篇，理解语篇的特点以及组织结构。
2.阅读网络社区征询意见和解决办法的新媒体语篇，了解其语言特色和文本特征</td></tr>
<tr><td>语用</td><td>1.掌握请对方解释和说明的表达方式和沟通技巧。
2.能够就英语学习问题和方法在网络社区发表自己的看法和观点</td></tr>
</table>
</td></tr>
</table>

续表

<table>
<tr><td rowspan="9">背景分析</td><td rowspan="5">语言能力</td><td rowspan="5">语言技能</td><td>听</td><td>听一段演讲，提炼语言使用现状、联合国工作用语及母语使用者最多的语言的具体信息，体会英美式英语的发音区别</td></tr>
<tr><td>说</td><td>能够清晰地表述出他人及自己学习外语的理由，表达自己关于如何学好语言的见解及策略</td></tr>
<tr><td>读</td><td>1.阅读中国汉字发展历程说明文，总结汉字发展的原因及意义，提升中华文化自信，明确说明文本特点及结构。
2.阅读网络社区征询意见和解决办法的新媒体语篇，了解其语言特色和文本特征</td></tr>
<tr><td>写</td><td>1.能够运用定语从句描述事物的具体信息。
2.能够就自己对英语学习问题和方法的看法和策略，写出一篇新媒体语篇博客</td></tr>
<tr><td>看</td><td>观看中国汉字发展的一段视频，总结影响汉字发展的主要原因，探究文字对文化发展带来的深远影响</td></tr>
<tr><td>学习能力</td><td colspan="3">1. 能够关注听力中重要代词的指代意义。
2. 能够运用寻读的技巧快速找到阅读文本中的相关信息。
3. 能够结合上下文理解词义；学会使用英汉词典，并能用英语解释词义。
4. 正确认识英语学习的意义，面对学习困难能分析其原因并尝试解决</td></tr>
<tr><td>文化意识</td><td colspan="3">1. 了解中国汉字的发展历史，理解汉字与中华文化传承的关系，主动思考未来汉字在全球范围内的发展与使用。
2. 了解联合国的六种工作语言，能从多角度思考外语学习的动机。
3. 积极探寻和思考语言学习的各种技巧和方法</td></tr>
<tr><td>思维品质</td><td colspan="3">能够通过观察语言和文化的发展，客观分析、辩证思考事物发展的因果关系；能够发散思维，从多个视角认识世界，归纳影响中国文化发展的多元因素</td></tr>
<tr><td colspan="4">【教材分析】
不同于旧教材“语言差异”在必修一的第二单元，新教材设置在必修一最后一个单元，可以让学生在语言上有所储备，就是在前几个单元的学习中，既有语言知识，也有语音知识，到了这个时候学生就能够有话可说，有感可发，能够找到不同国家英语的区别，学习不同国家和地区的英语，可以培养</td></tr>
</table>

续 表

<table>
<tr><td>背景分析</td><td>学生的国际视野，降低学生学习英语的恐惧感，也可以让学生明确自己的目标。文章题材是说明文，比较难理解；话题生疏，涉及历史等知识；生词量增大，而且在语境中理解词汇的要求提高。面对这些，教师的教学难度有所提升，可以通过探讨说明顺序、了解背景知识等帮助学生找到说明文阅读的方法。教师通过对四单元的语法——定语从句关系代词的讲解，让学生理解关系副词和介词加关系代词的使用。本节课用归纳法让学生通过观察后做出总结，有利于让学生自己发现语法规律。
【学情分析】
高一年级的学生已经在初中阶段的英语学习中积累了一定的词汇量，并掌握了一些简单的学习策略和技巧，具有初步的英语听说读写能力。但学生的英语水平参差不齐，教师既要进一步培养尖子生的学习能力，又要保证能力稍弱的学生能听懂，调动他们的积极性，使他们愿意学，在学习的过程中享受到乐趣。学生虽然对英语有一定的兴趣但其学习主动性仍有待提高，未能积极主动地通过其他渠道获取信息，自主学习、探究学习的能力还有待于提高。本节课的话题较贴近生活，可以引导学生在原有的知识经验基础上通过合作探究学习构建新的知识经验和信息输入</td></tr>
<tr><td>学习目标</td><td>By the end of this unit, we will be able to :
1. introduce different languages around the world and broaden your horizons;
2. explain reasons why people study a foreign language and form an initial perception of the importance of language learning;
3. write a blog to describe difficulty in learning a foreign language and list useful solutions to settle them;
4. promote self-confidence of Chinese cultures and learn from the excellent foreign cultures</td></tr>
<tr><td>评价设计</td><td><table>
<tr><th>Content</th><th>Level 1 (3 stars)</th><th>Leve1 2 (5 stars)</th></tr>
<tr><td>Get the main idea, use listening technique and give a presentation on exploring languages</td><td>I know the main idea of the listening material, listen for the detailed information and write a blog about English study</td><td>I can summarize the main idea in my own words, listen for and write down the detailed information and write and make apresentation on languages</td></tr>
<tr><td>Get the main idea and master how to learn a foreign language</td><td>I know the main idea of the passage, the text type and how to learn a foreign language</td><td>I can summarize the main idea in my own words, know the text type and figure out all reading techniques and speak out how to learn a foreign language</td></tr>
</table></td></tr>
</table>

续 表

<table>
<tr><td rowspan="3">评价设计</td><td>Content</td><td>Level 1 (3 stars)</td><td>Leve1 2 (5 stars)</td></tr>
<tr><td>Use writing technique and draw the mind map</td><td>I know the main idea of the passage, the text type and draw the mind map of the passage</td><td>I can summarize the main idea in my own words, know the text type and I can use the mind map I drew to retell the passage</td></tr>
<tr><td>Draw mind map</td><td>I can draw the mind map of the passage</td><td>I can use the mind map I drew to retell four structures</td></tr>
</table>

第二节　模块章节课例分析

Knowing me,knowing you教学课例分析

【Understanding ideas】

Teaching Aims:

Knowledge aim: to understand the Ben's problems and the suggestions Agony Aunt gives to Ben thoroughly.

Ability aim : to retell the suggestions and apply them in students' writing.

Emotional aim: to have a positive attitude to interpersonal skills and relationships.

【Teaching important and difficult points】

1. Master the plot and emotional lines of the Ben's problem.
2. Grasp and retell the details of Agony Aunt's suggestions.

【Teaching Procedures】

Step1：Warm up

By enjoying the pictures, let students know expressions can reflect our inner emotions and arouse their curiosity about Ben's story.

Step 2：Read the story on page 2 with the 5 questions

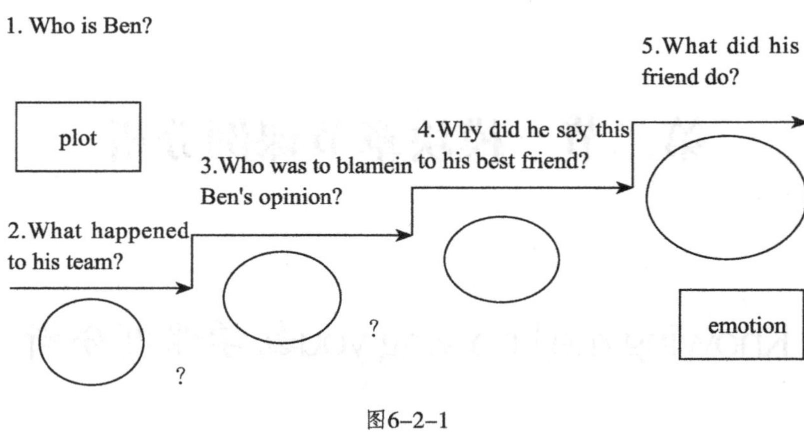

图6–2–1

Step 3：Summarize Ben's problems.

1. I was disappointed with my teammates because I felt ____________ by him.

2. I told my best friend that my teammate was to blame, just ____________.

3. My best friend ________________________. I don't know what to do.

Step 4：Think and share

1. Have you met the same situation before? If so, how did you solve it? If not, can you give?

Ben some suggestions?

2. If you were Ben, who would you turn to for help?

A. friends B. parents C. teachers D.online forums

E. no one-you prefer to keep things to yourself

Step 5：Look at the picture on page 3

1. Who does Ben turn to for help?

2. How do they communicate with each other?

The "loose lips" were ________. ________ in this way, you're sure to ______________

Step 6：Read para1–3 on page 3 and fill in the blanks

Loose lips sink ships. It'll cause all kinds of ________________

Para 1

The "loose lips" were ________. ________ in this way, you're sure to ________________

Para 2

It's partly ________________, although he was just ________________

Para 3

图6–2–2

Questions: 1. What can we learn from their mistakes?

2. Do you know any similar sayings in Chinese?

Step 7：Read para4–6 and fill the chart

表6–2–1

Order	Suggestions	Details
Para4. First	________ to your teammate	If you want to win more basketball games, you need to ________________, and that means ________________ and ________________
Para5. Then	________ to your friend	Tell your best friend you're angry with him for ________ ________________ and ________________________, but that you want to move on
Para6. Thirdly, and perhaps most importantly	________ your own behaviour	Don't ________________________ when you are angry. Always remember: ________________________

Match the suggestions to Ben's problems.

表6–2–2

Suggestions	Ben's problems
Apologize to your teammate	I was disappointed with my teammates because I felt the team were disappointed by him
Talk to your friend	I told my best friend that my teammate was to blame, just to let off steam

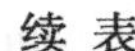
续 表

Suggestions	Ben's problems
Think about your own behaviour	My best friend went and told everyone else what I'd said. I don't know what to do

Question: What do you think of Agony Aunt's advice?

Step8：Retell Agony Aunt's suggestions according to the words and phrases given to you

1. First, apologize to your teammate.
- want to win, work together. mean,communicate clearly. resolve conflicts
- so have a chat... , tell... directly and honestly that you were talking without...

2.Then, talk to your friend.
- friendship, one of the greatest things, but difficult, your strategy is, tell, angry with repeat ..., make..., but... move on

3.Thirdly, and perhaps most importantly,think about your own behaviour.
- don't say, when angry, filled with anger, tend to, whatever comes to your mindtake breath, calm, remember, first, later

图6–2–3

Step 9：Choose the best summary of the letters

1. Ben said something bad about his friend, and Agony Aunt told him to apologise to his friend.

2. Ben was angry that his team were let down by some members, and Agony Aunt told himto take it easy.

3. Ben didn't play well in the match, and Agony Aunt advised him to apolopize to his teammate.

4. Ben was in an awkward situation, and Agony Aunt gave him suggestions as to how to deal with his problems.

Step10：Think and share

How to get on well with others?

Assignment.

Write a reply to Agony Aunt in the name of Ben (focus on his emotional changes).

At one with nature writing a summary

教学课例分析

【Teaching aims】

Knowledge Aims:

To learn about the steps of writing a summary.

Ability Aims:

To write a summary coherently,concisely and naturally.

Cultural Aims:

To have a better understanding of tea culture .

【Key points】

To learn about the steps of writing a summary.

【Difficult Points】

To write a summary coherently,concisely and naturally.

【Teaching Approaches】

Task–based teaching mode in a students–centered atmosphere.

Self study and Cooperative study.

【Teaching Procedures 】

Step 1：Lead–in

Show a sentence and let them summarize the main idea of the sentence.

A group of great teachers from other schools happily came toour lively and friendly class

Lead in the questions : What's a summary ?

What's a summary writing ?

Then lead in toady's title: Writing a summary.

Step 2：Get steps for writing a summary

According to a picture ,ask the question:

How to write a short summary ?

Making use of learning to learn ,get steps for writing a summary.

Steps for writing a summary

1. Get the **topic sentences**
2. Get some **supporting details**（**支撑细节**）
3. **Rewrite** the key points
4. **Check** the summary

图6–2–4

Step 3：Read for the structure of the passage

Task 1 Scan the passage and choose the best topic for it.

A. tea

B. fruit tea

C. fruit and herbal teas

Task 2 Underline the topic sentence of each paragraph .

Task 3 Find the supporting details for each heading.

Task 4 Show the structure of the passage.

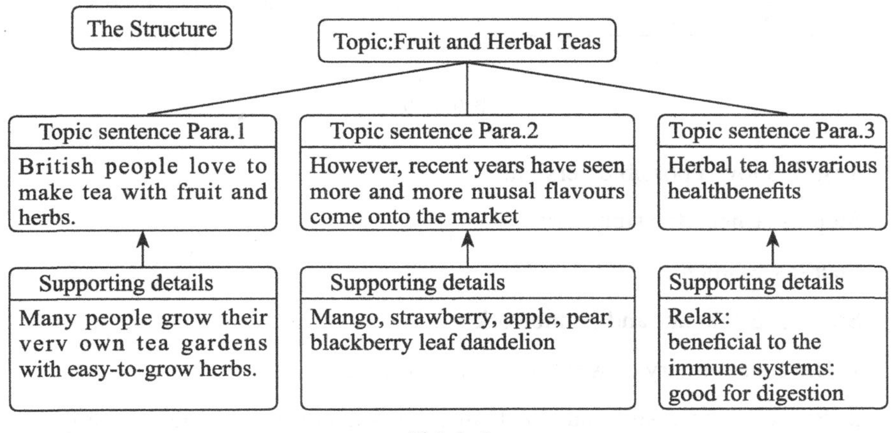

图6–2–5

Step 4：The skills of rewriting the key points

Task 1 How to rewritethe key points ?

1. Show the rewriting skills.

2. According to the rewriting skills, Practice some examples.

Task 2 Learn about how to chooset ransitional words.

Task 3 Discussion

Work in groups to selectbest skills for your rewriting.

Step 5：Writing Time

Task 1 Rewrite the key points and write part by part.

Summary:(Add proper transitional words/sentences.) 添加合适的过渡词/句 Rewrite Para.1: ________ ________ Rewrite Para.2 ________ ________ Rewrite Para.3: ________	Para.1 Key Points	Topic sentence : British people love to make tea with fruit and herbs.
		Supporting details: Many people grow their very own tea gardens ,in which they plant easy-to-grow herbs in their own gardens.
	Rewrite:	

图6–2–6

Task 2 Show a possible version.

Step 6：Check the summary

Peer–assessment.

Step 7：Summary and Homework

1. Have a summary of what we have learnt today.

2. Please write a summary of Chinese tea according to the article given by *China Daily*.

【Blackboard Design】

Writing a summary

Step1: Get the topic sentences.

Step2: Get some supporting details.

Step3: Rewrite the key points.

Step4: Check the summary.

The world of science教学课例分析

【Teaching aims】

Knowledge Aims:

To help the students get the main idea of this article .

Ability Aims:

To improve the students' reading skills.

To understand and master the structure of the argumentative essay（论说文）.

Cultural Aims:

To understand the spirit of science and develop critical thinking.

【Key points】

To understand the passage intensively and extensively.

【Difficult Points】

To master the structure of the argumentative essay(论说文）.

【Teaching Approaches】

Task–based teaching mode in a students–centered atmosphere.

Self study and Cooperative study.

【Teaching procedures】

Step 1：Lead–in

1. Who is he?

2. What made him famous ?

图6-2-7

Lead in toady's title: FRANKLIN'S EXPERIMENT: How Much Is True?

Step 2：Read for the type

Task 1 Read the title and picture of this article, then answer the questions.

1. What's the name of the experiment ?

2. What's the Chinese meaning of the question ?

3. What's the author's attitude（态度）to the experiment?

Task 2 Read Learning to Learn , and guess the type of the passage .

Step 3：Read for the main idea

Read the text quickly and silently and try to get the main idea.

Reading Tip: You can pay more attention to the first or last sentence of each paragraph.

Task 1 Match the main ideas with the paragraphs.

Task 2 The structure of this article.

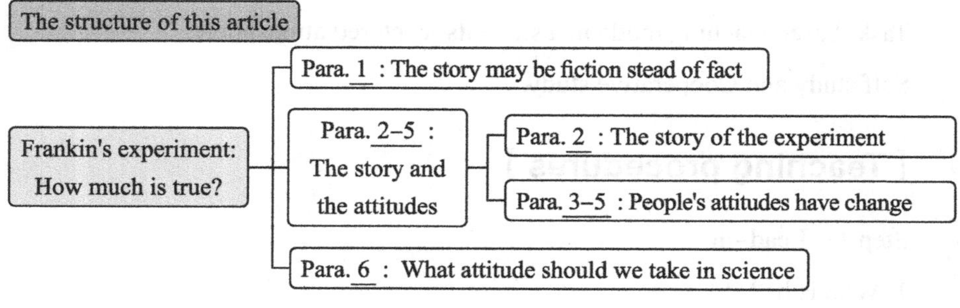

图6-2-8

Step 4：Read for details

Task1 Read Para. 2 carefully and complete the chart .

表6–2–3

Para.2	The story of Franklin's experiment
Aim	To know if lightning was really produced by electricity
Materials（材料）	
Process（过程）	
Conclusion	The lightning is a form of electricity

Then watch a flash to lead in the question :

What if Franklin had touched the key?

So how much is true ?

Task2 Read Para. 4 and think about the question .

Task3 For this part(Paras. 3–5) , how do people's attitudes change ?

Find the sentences to describe people's attitudes.

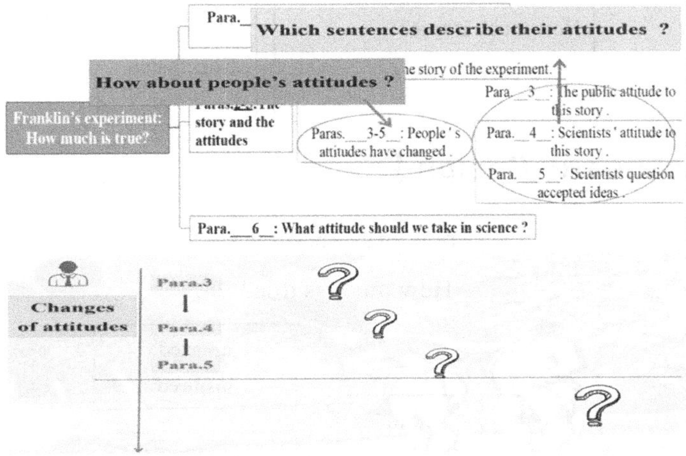

图6–2–9

Ask students to read Para. 6 ,and answer the question.

What attitude should we take in science ?

Task4 Ask students to think about the question.

Why do scientists question this experiment or accepted ideas ?

Step 5：Have a summary

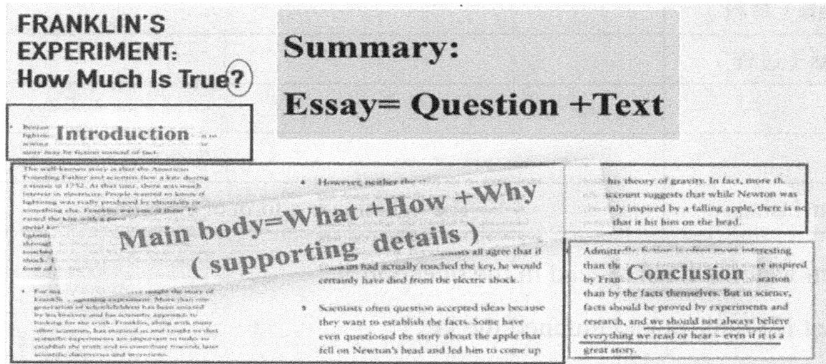

图6–2–10

Step 6：Think and Share Group Work

If you want to be a scientist,What qualities （品质）should you have ?

Step 7：Homework

Find the story of Newton's discovery and write a short essay to question it.

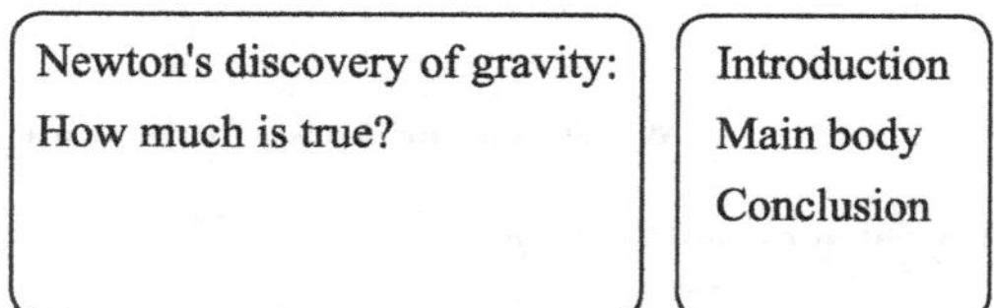

【Blackboard Design】

Franklin's experiment:

How much is true?

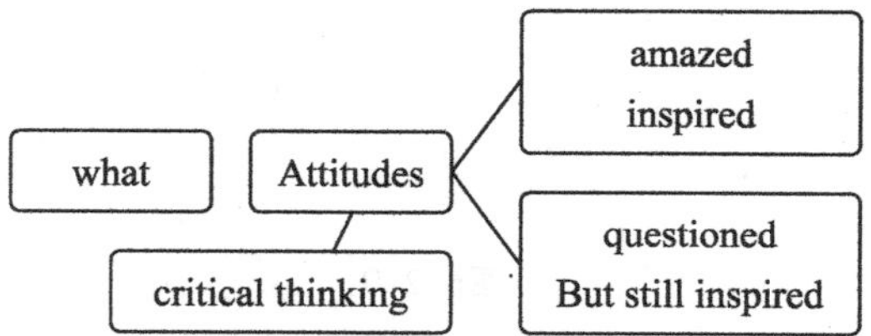

第七章

教学反思

第一节　写作模式

浅谈英语教师如何写好课后记

一、问题的提出

课后记作为教学反思的一部分，在教师的教学中起到重要的作用，同时对教师的专业成长也有着深刻的影响。然而，笔者在参与集体备课过程中发现，很多教师觉得课后记不好写，经常忽略这一环节。为此，笔者结合高中英语教学中出现的问题谈一谈课后记的写法。

二、课后记的意义

课后记，也称为授课心得或教后感，是教师在完成课堂教学任务之后，对整个教学过程的设计和课堂实践进行回顾、总结和反思。它是上课的外延，是“备课—授课—写教学反思”中重要的一环。

写课后记有助于教师找出教学设想在具体实施过程中的成功和不足之处，为调整教学提供可靠依据。它是促进教师教学水平、教学能力提高，实现教师专业发展的有效途径。

三、写课后记要注意的几个问题

笔者结合一些例子来谈一谈课后记的撰写。

（一）课后记要结合课堂教学内容，要有针对性

例1：本堂课不太成功，没有成功的喜悦。做教师真不是一件容易的事情。

例2：教师要有一颗爱心，千万不要轻易在课堂上发脾气。

分析: 以上的例子作为课后记来说与课堂内容没有太多的联系，就是发一下个人感慨，随便说说感觉，没有很强的针对性，这样的课后记起不到总结和促进作用。我们不妨来对比一下修改后的例子。

修改例1：本堂课不太成功，没有成功的喜悦。原因是在课堂开始的时候，教师没有充分调动学生的积极性，没有让学生在讨论之后展示一些他们自己熟悉的科学家的成就。相反，教师自己说得太多，学生被动地听，以后要发挥学生的主体作用，多让学生活动。

修改例2：教师要有一颗爱心，千万不要轻易在课堂上发脾气。因为有很多学生不能正确地拼写出destroyed(摧毁)这个单词，出现destoryed和destroied两种错误拼写法。教师在课堂上与其生气，不如认真想一下，他们为什么会犯这样的错误，destoryed的拼写错误很有可能与学生掌握的单词factory(工厂)有关。这就是思维的惯性，先前学过的知识对以后的知识产生了负迁移。这个错误要慢慢纠正。

我们会发现，这样一改，课后记就与课堂内容联系在一起了，让人家明白在课堂发生了什么，原因如何，指出努力的方向。这样的课后记就很有借鉴意义。

（二）课后记要及时、准确

有些教师上完课以后，感到很累，就想坐下来喝杯水歇一歇，这是无可厚非的。但是时间长了，也就忘记了写课后记，转手去改作业或处理别的事情了，等到有关部门要检查教案了，才想起补一补。但当时的情境已经记不起来了，失去了反思的激情和环境，所以只能泛泛写点东西，没有任何价值。同时，本来应该是教师的主动反思和内省却变成了被迫迎接教学检查的行为，反思也就失去了意义。这些都是没有及时、主动去写课后记带来的负面影响。

例3：It is important for sb. to do sth. 这个句型很有用，要让学生多巩固。

例4：布置作业要与课堂教学内容相符合。

这样的课后记表达没有错误，但是仔细看一下教师的教案可能与教学内容不相吻合，干巴巴的一句话，甚至不着边际，没有任何意义。这就是没有及时准确地把握课堂，没有及时地反思总结，后来补救造成的结果。

（三）课后记要有理性思考，不能停留在表面

例5：这节课感觉自己讲得太快了，学生跟不上，内容太多了。成绩好的学生还勉强跟得上，成绩差一点的肯定不行。

例6：今天是周一。为什么周一上课总感觉那么累呢？学生状态不行，教师自身感觉也不好。

分析: 这样的课后记完全停留在感性认识阶段。对于例5，如果教师能说明这节课教师进度快的原因，以后该怎么办，上升到理性的思考就好了。而对于例6，教师发现了问题，但只是表面的论述，没有引发进一步思考，如果能找到导致周一课堂效果不好的原因，就进入了反思的理性思考层面。

（四）课后记要善于发现问题，更要能解决问题

绝大多数教师在写课后记的时候确实能发现课堂中存在的问题，能基本准确地表达出来，其实这已经属于反思的初级阶段。但是只提出问题而没有解决问题的方法，没有借鉴意义，仍然不能算是好的课后记。

例7：这节课只顾着讲知识点，很多单词只是讲一遍，不利于学生巩固。

分析：这个课后记指出了课堂中存在的问题，但没有提到如何解决这些问题，仍然属于浅层次的课后记。建议修改如下：这节课只顾着讲完知识点，很多单词只是讲一遍，不利于学生巩固。从听得懂、会做，到做得完美是一个遥远的过程。熟能生巧，一定要让学生多动手、多练习，才能达到知识的熟练和迁移，达到巩固的目的。修改后的课后记既提出了问题，又指出了问题解决的办法和措施，属于较好的课后记。

四、总结

“经验+反思=成长”，这是美国教育心理学家波斯纳得出的教师成长公式。叶澜教授指出：“一个教师写一辈子教案不一定能成为名师，如果一个教师写三年的反思，则有可能成为名师。”教师在自己的教学经验的基础上，只要注意观察、勤于思考，一定能写出优秀的课后记。课后记是理论和实践之间的桥梁。好的课后记对提高教师的专业素养，加快教师专业化发展的步伐有重要的作用。一个教师能写出符合教学情况的课后记，才算把一堂课完整地结束。当经验和反思结合起来的时候，教师一定能不断提升自己的教育教学水平，从感性走向理性，成长为一名优秀的教师，甚至专家型、学者型教师，从而实现教师专业发展。

浅谈英语作文训练

长期以来，英语作文的写作一直是令广大师生特别头痛的事。学生在写作中常常出现单词拼写错误，惯用语法搭配紊乱，时态、语态表达不清等问题，教师批改起来难度特别大。要改变这一现状，没有捷径可走，只有平时打好遣词造句的基础，坚持写作训练，积累写作材料，教师多评精讲，才能积少成多，厚积薄发，大有成效。

一、夯实基础

要学好英语，首先要过好词汇关和句型关。要提高英语写作水平，同样首先必须做到这一点。在教学过程中，教师应在强调词汇、句型的巩固的同时，引导学生主动参与到课堂教学中，促使学生养成良好的思维习惯，并进行适当的创造性思维活动，使学生在体验中不但把单词、句型记牢，更能开动脑筋，积极探求知识，不断体验到学习成功的快乐，激发英语学习的兴趣，从而夯实基础。

学好英语宜多读、多诵、多背。不但要把单词、短语、句型记牢，还可把一些发人深省的名言、言简意赅的表达、短小精悍的段落以及文质兼佳的美作反复诵读，直至背得滚瓜烂熟，以增加词汇的存储量。长期地坚持不懈，不但会从中学到作文之道，而且会渐渐有一种思路畅通、文思泉涌的感觉。这样的积累多了，写作时遇到类似的语境场合时，那些贴切适宜的语句便自然而然地冒了出来，英语作文的写作，也就变得流畅、自然了。

二、勤练写作

学好英语写作的一大诀窍是多写。笔者建议学生每星期写一篇作文，即作即改即发还给学生。开始写时一篇作文不要太长，一百字以上足够，以后慢慢增加，循序渐进。要让学生懂得：在能够写出精彩的文章之前，必须先学会写简单的文章，正如一个人在会跑之前必须先学会走路一样。初学写作的学生不必为用简单的文字写简单的文章而感到不好意思，文章之道关键是要把内心的思想用适当的字眼表达出来。当你练习得足够多，掌握了一定的写作技巧，增加了词汇量后，便自然能够写出精彩的文章。这是一个由量变到质变的积累过程，需要不断练习与积累，需要耐心和毅力才能达到。

当然，学生在拿到老师发还的修改过的作文后，必须仔细研读被修改之处，牢记修改后的正确表达方式，以避免同样的错误再次发生。只有这样，写作的练习才会更有效果。可是，有很大一部分学生作文发下来后首先注重的是分数，再次是评语，而对修改之处不予理睬，这不是有效的学习之道。学英语也像学其他学科知识一样，一开始总会有无数的困难与挫折。只有正视出现的错误，并在长期的有意识的自我改进中，才能克服一个又一个困难，改正一个又一个错误，直至最后学有所成，写出较满意的英语作文。这一自我提高的过程既漫长又痛苦，尤其需要学生有持之以恒的精神。因此，建议学生把老师批改后的作文仔细读几遍，甚至是把全文重抄一遍，切实吸收，扎实改进，才会大有成效。

三、教师多评精讲

写作如果没有评改，就谈不上提高。教师应本着“尊重个体，全面发展”的原则对学生的习作进行及时、认真的批改，并进行认真的集体讲评和针对性的个别点评。否则，会在很大程度上影响学生的写作兴趣和水平的提高。

1. 分析学生所犯的普遍性错误

教师在审阅批改学生的作文时，应对学生出现的错误做好摘录，并对其进行分析、归纳，做到讲解清楚、透彻，才能力求“药到病除”。

2. 讲解同一要点的多种表达方式

由于高中生的思维相当活跃，不同学生对同一内容所采用的词汇、句式也不尽相同，因此，教师讲评时要列举学生习作中出现的佳句，并给予适当的讲评和赞扬，起到鼓励先进、激励后进的作用。

3. 把好、中、差三个等级的习作拿给全班集体评改

这是提高写作水平相当关键的一个环节。学生的写作水平能否提高在一定程度上并不在于教师讲多少，而在于学生"悟"的程度如何。一个懂得评判作文孰优孰劣的学生，一个能"悟出"自己的作文与别人的差距的学生，其写作水平的提高也就指日可待。同时，这种做法可以拓展学生的写作思路，让不同写作水平的学生都有一定程度的提高。

4. 尊重学生的个体差异

由于学生的英语基础不同，学习方法也有别，我们不可能也没必要把句式出错的习作改成较高级的句子。我们应当尊重学生的个体差异，对个体习作做针对性的点评。对基础较差的学生，要婉转地指出其不足，同时在习作上画出对的句子，找出其"闪光点"。这种点评方式能恰到好处地激发其学习兴趣，避免打击其积极性，能真正促进学生的发展。

四、互批互改、互相传阅、学会合作

相互批改是提高写作的另一种行之有效的方法。高中学生已具备一定的分析问题、解决问题的能力。大胆放手让学生当"小老师"，这不但给他们提供了相互合作、相互学习的环境，而且长期坚持下去将大大提高他们的自主学习能力。教师在批改学生的作文时往往注意到的是学生的单词搭配是否正确、句子逻辑关系是否恰当等这些结果性的东西。由于学生的年龄相同，心理特点相仿，学生的互批互改更能从遣词等过程性的东西去认识、去探讨，真正让学生提高识别错误的能力。

互批互改后，学生可以互相传阅改好的作文。此种做法并不是用个人的优劣表现去相互激励。其真正目的在于借鉴他人的错误给自己警示。毕竟，一个人所写的句子和文章篇数有限，因此，自己暴露出的错误也同样有限。所以，只看老师给自己修改的错误还远远不够，不足以把自己可能犯的错误全部暴露出来。阅读别人的作文，注意别人的错误，等于“借他山之石攻己之玉”，助自己更快进步。

总之，英语写作是项实践性很强的工作，写作训练更是一项长期而艰巨的工程。我们应在日常教学中勤抓多练，同时注意讲究训练的方式、方法，把写作训练内化为学生自觉的学习行为，才能真正提高学生的英语写作水平。

“高三第一阶段英语复习模式探究”阶段性总结

在学校的高度重视、各科室的积极配合下，经过课题组全体成员的共同努力，“高三第一阶段英语复习模式探究”课题在学校已经全面启动，并且在一些领域扎实有效地开展，凸显出以课题研究促进教学，以教育教学为研究依托的良好态势。现将课题的研究情况做以下总结。

一、前阶段课题研究工作情况

（一）课题启动工作回顾

2011年7月，阳谷县第一中学申报的“高三第一阶段英语复习模式探究”课题被聊城市教科所批准立项。学校课题组研究决定，由高三英语备课组组长李广利老师牵头制订课题实施方案，并组织学校各职能部门深入学习课题研究的目标、意义及实施的方法。学校于9月8日在全校范围内召开课题启动会，会上李广利老师组织全体英语教师学习了开题报告，将报告中课题研究提出的背景，课题研究的理论依据，课题研究的意义和价值，课题研究的方法、基本原则、实施步骤等内容向全体教师作以深入浅出的阐述。启动会的召开标志着“高三第一阶段英语复习模式探究”课题正式进入研究阶段。

学生进入高三，普遍感到英语学习任务重且压力大，因此，作为指导学生复习的英语教师，必须有一套行之有效的应对策略，以缓解学生的压力，减轻学生的负担，确保在有限的时间内提高学生的英语综合素质和备考能力。近几年，阳谷县第一中学英语教师在英语教学的很多方面进行了大胆的改革创新，经过不懈的努力，在高考中取得了很大的进步。

（二）教学措施

2010年暑假，市教研室组织高三英语教师在聊城三中听了北京四中李俊和老师的讲座，很受启发。李俊和老师强调词汇、阅读以及背诵的重要性，认为学生每天都要做题，“每天不做题，高考干着急”，同时提醒英语教师应清醒认识自己的作用，尽量把时间交给学生，让学生自己解决问题，“有问才有答，不问不答，少包办代替”。联系到李俊和老师所讲的和阳谷县第一中学学生的实际情况，我们对选修9的教学和第一轮复习的时间和内容做了调整，主要采取了以下教学措施。

（1）开学之初要求学生人手一本《3500词汇手册》和一本《5年高考3年模拟》，决定从词汇和阅读入手，进一步打好学生学好英语的基础。我们认为第一阶段复习一定要夯实基础知识，构建知识网络。

（2）开学后，大约用一个月的时间完成了选修9重点词汇和重点课文的学习。具体做法：大家分工在单词表上标出3500词中的单词，然后通过学案的方式督促学生背诵记忆，学案主要以督促检查为主，不进行太多的扩展。对课文的处理也主要是以提高学生的阅读能力为主，删掉了一部分生词量太多、较难理解的课文，挑选了一部分难易适中、学生较感兴趣的话题的文章先对学生进行定时阅读训练，然后对影响学生理解的重难点稍作分析。总之，我们认为不应该在选修9上耗费太多的时间，对该掌握的，比如说《3500词汇手册》内的词汇一定要要求到位，而删除一些难度较大、较枯燥的文章时也不要手软。

（3）学完选修9后我们就转入了一轮复习。一轮复习分两个阶段，采取两种模式，第一阶段采取的是词汇 + 阅读 + 套题的复习模式。我们认为词汇是语言学习的基础，随着新课标的逐步施行和高考改革的逐步推进，高考英语对学生的词汇量要求也在逐年提高。高三学生学习时间紧迫、压力大，如何在有限的时间内行之有效地学习和巩固词汇，对许多学生来讲是一大难题。我们的做法是：词汇复习以3500词为主线，通过强化记忆、反复记忆的方式达到掌握的目的，对于英语基础较差的学生，一些较难的词汇做到看到英语单词能想起汉语意思即可，不一定非要准确拼出。阅读以《5年高考3年模拟》的文章为主，每天四篇文章，一篇精读，三篇泛读，对于学生问得多的文章就统一讲一下，问得少的就个别辅导。阅读训练，除了锻炼和提高学生的阅读技巧和能力外，也是对英语词汇的复习。大量的语篇中会复现很多学生刚刚学过或记过的词汇，正所谓“一回生，二回熟，再次见面是朋友”，很多记得不太深刻的词汇，通过大量阅读后，学生会逐渐记牢。也有一些词汇，大家会觉得好像经常见着它们，可又总没记住它们，这些词汇往往就是所谓的阅读理解题中的“高频词”。建议大家不要忽视了对这些“高频词”的归纳和总结，让学生准备专门的“阅读词汇”笔记本，每次做阅读理解题，只需拿出几分钟，在刚读完的文章中找出很眼熟而又不记得的词汇，通过查字典标注释义。经过一段时间的积累，大家会对阅读题中出现的一些较难记住的“高频词”越来越熟悉，对阅读理解这一题型也越来越有信心。套题主要选用2010年全国各地高考题，每周利用自习或训练时间做两套。在这一时段，教师的主要任务就是整理以检查词汇记忆为主的学案，精选阅读文章，做好督促检查工作。大约用两个半月的时间完成这一阶段的复习。

在完成了词汇+阅读+套题的复习后，就进入了语法+阅读+套题的复习模式。把握语法复习的“度”，务必要紧扣考纲考点，高考考查什么，我们就复习什么、训练什么，尽量避免繁复的无效劳动。在充分考虑学情的前提下，无论是知识的拓宽与延伸、课堂的设计与操控，还是练习的难度与数量，终极目标都要落在考纲考点上，用这把尺子去衡量和把握复习的“度”，一定能达到事半功倍的成效。复习材料还是以《5年高考3年模拟》为主。教师在这一阶段的主要任务就是进一步做好选题工作，精选有代表性的基础性的题目，少做难题，不做偏题、怪题。大约用一个半月的时间完成这个阶段的复习。

二、中期阶段研究工作总结

（一）加强组织领导，抓课题研究

课题启动后，为了将课题研究落到实处，阳谷县第一中学加强了对课题研究的组织领导，进一步细化了研究责任。业务校长梁建华负责对课题研究的全面指导、统筹；李广利老师负责课题研究的落实和具体行动指导；年级主任高令昆负责指导各科教师在2011级高三学生中开展课题研究，为大课题收集相关实证资料和数据；王萌老师负责课题研究各种文档的建立、整理；班级评价小组负责对班级学生进行综合素质评价，整理各种评价资料。同时，阳谷县第一中学成立了由班主任任组长，由科任教师、班委会成员为成员的各班评价工作小组，负责落实班级评价的具体工作。

（二）加强学习，促课题研究

课题组的成员在扎实学习领会课题开题报告和实施方案的基础上，不断学习教育教学理论，多种渠道搜集与课题相关的资料，不断加深对课题的理解和操作能力。为创设课题研究的良好环境和浓厚氛围，阳谷县第一中学利用教师集会，广泛宣传课题实施的重要意义，使教师不断深化对素质评价课题的认识和理解，接受课题研究的新理念，从而更积极地投入课题研究中。在全校师生中进行宣传，尤其是加强了骨干教师的培训，为课题研究奠定了基础。同时，阳谷县第一中学利用家长会，对家长、学生进行综合素质评价的宣传和培训，为课题研究的有效实施打下了良好的基础。

（三）拓宽评价渠道，多种途径构建和谐师生关系

高三第一学期初，指导学生制订全面的英语复习学习成长计划，在学期中引导学生对照计划反思自己前半学期的成长，与老师、同伴、家长共同查找原因，以修订后半学期的计划。我们通过中短期目标的确立，调动学生的内驱力，通过评价促进学生的自我成长。每班建立《英语复习成长记录册》，以成长故事的形式及时记录学生在各阶段复习英语的心得体会，为学生搭建自评、互评的平台。我们还开展了丰富多彩的校园活动，如全英语竞赛、英语演讲比赛、英语角、校园文化艺术节等，极大地拓宽了对学生评价的渠道，促进师生关系和谐发展。另外，阳谷县第一中学加强了对综合实践活动的指导和评价力度，制定了《阳谷一中高三英语复习实施方案（试行）》，使学生在形式多样的英语复习中，不仅开阔了视野，增强了能力，更感受到了更加多元、更加开放的英语复习模式，感受到了不同的自我。这不仅促进了学生英语运用能力多元化，而且促进了师生关系的和谐发展。

在高三一模复习阶段，语法是不可或缺的。目前，高中英语教学的总目标是培养学生的综合语言运用能力。而且从对高考英语试卷的分析来看，其导向性表现为淡化对单纯语法的考查，强调语言运用。但是，众所周知，语法是语言知识的组成部分，语言知识是语言能力的基础，而学生的交际能力又是以语言能力为前提的。所以，若学生没有牢固的语法知识，语言运用能力也将成为“水中月，镜中花”。

既然语法学习是必要的，那么如何有效地教与学呢？高三一模复习时间紧、任务重。为了更有效地利用这宝贵的时间，我们对语法知识的课堂教学给出以下几点建议供大家参考。

首先，在充分了解语法知识在英语教学中的重要性以及目前高中英语语法教学现状的基础上，我们应灵活地、创造性地使用教材：①对教材中分散的语法现象做适当的集中和归纳；②对部分语法内容进行适当的调整、取舍和补充。

其次，在完成上述工作的基础上，精讲多练促成内化：①讲要求少而精，淡化对语法概念、定义的讲解，语法术语要尽量少用；②留更多的时间和精力用于实例、实践、实用；③教学过程采用“练—讲—练”的教学方法。该方法是就师生的双边活动而言的，从学生掌握语法规则的过程来看，就是“不自觉实践—自觉实践—不自觉实践”，即从没有语法规则的初步实践到有语法规则指导下的进一步实践，最终达到不需要考虑语法规则的自觉化实践。如此循环往复，直到学生明白、掌握这一语法规则且运用自如为止。在此教学过程中，还要启发、诱导、点化学生在反复接触和应用语言的过程中，逐步体会和感知语言的规律性，培养学生探索、思考、总结的能力，使学生形成对语法知识自觉运用的习惯。

再次，学习语法要及时复习，以提高学习效率。研究表明，一个人的学习成功与否，不在于一次在学习上所花费时间的长短，而在于学习的频率即复习次数的多少。教师应注意语法现象的反复出现，联系已讲过的知识，结合新的语言现象，及时进行总结、归纳，建立新、旧知识间的联系，使其系统化、条理化。学生通过反复接触、学习使单次学习形成的“短时记忆”转化为“长时记忆”，从而提高学习效率。

最后，针对英语语法抽象、枯燥的特点，要尽可能地加强语法教学的趣味性，培养学生积极的学习情感。兴趣是最好的老师。教师一旦激发学生学习语法的兴趣，就能调动学生学习的积极性和主动性，从而达到事半功倍的效果。

（四）运用语法情境教学

经过上述的教学过程，学生应已掌握了一定的语法知识。然而，依据高中英语教学的总目标，掌握语法知识只是手段，提高学生的综合语言运用能力才是目的。因此，在高三一模复习中运用语法情境教学十分必要。

早在1921年哈罗德·帕尔默博士就指出，理解一种语言与学会如何使用这种语言之间存在着巨大的差别。学习一门语言不仅仅是掌握一套规则，积累大量词汇。教师工作的重点不仅仅是告诉学生关于一门语言的知识，更应使学生能够使用这门语言。衡量学生是否掌握一门语言，最终是要看他运用得如何，而不是懂得了多少。在这方面，学习语言与学习乐器十分相似。学生所做的练习都是为了达到一个明确的目标，即使自己成为一个熟练的操作者。从这个意义上说，语法教学的成功与否，不在于语法知识传授得多少，而在于学生运用语言能力的强弱。而情境教学法则为学生提供了一个语言运用的平台。

若我们能通过精心设计，把情境教学法与以上课堂教学建议进行有机结合，则既能使学生应对高考对语法知识的考查，也能培养学生综合运用语言的能力，一举两得。

根据中学语法教学的目的，无论是具体的语法知识还是情境教学，都应遵循以下几个原则，以保障语法教学的正确性和有效性。

1. 联系上下文语境

我们学习语法是要掌握遣词造句的规则。我们造的句子不仅要结构正确，还要做到所造的句子在一定的上下文中是恰当的。我们知道，没有单独存在的句子，任何一个句子都存在于特定的语境中，这就是适合性问题。对于一个问题，某个答语的语法结构虽然符合语法规则，但用错了地方，答非所问，故而达不到交际的目的。联系上下文语境学习，不仅可以保证语言使用的适合性，而且可以通过上下文了解句子的弦外之音，即交际功能。一个句子的结构形式和意义是一回事，同一个句子在一定交际场合中能起什么样的交际作用是另一回事。所有这些交际功能都只有在一定的上下文和语境中才能判定。所以，联系上下文语境学习，才能在掌握语法知识的同时，提高语言运用的能力。

2. 具有针对性

语法具有自身的系统性和完整性，我们在教学中要针对学生的实际需要，确定语法教学的重点、难点。重点是使用频率高的语法现象，难点是学生感到不好理解的、难以掌握的或是英语有而汉语没有的现象。只有解决了实际问题，学生才会感到有用、有趣、不空洞、不抽象，从而调动学习的积极性和主动性，进而提高学习效率。

3. 对比分析，求异存同

充分利用学生已有的母语语法知识，对母语与英语进行比较，找出两种语言在语法现象上的相同点和不同点，把两种语言的不同之处作为教学的难点，予以重视。同时，防止学生将汉语语法规则做不恰当的迁移。

4. 尊重习惯，了解文化

语言是约定俗成的符号系统，也是一种文化的反映，习惯用法相对于语法规则是第一位的。在语法知识的教学过程中应特别注意不规则的、不规范的语言习惯用法。针对这些例外现象，在必要时要介绍其文化渊源和背景知识，以帮助学生理解，加深学生的印象，开阔学生的知识视野。

总而言之，我们应优化课堂教学，提高教学效率：加强语法教学的趣味性，培养学生积极的学习情感；利用对比分析，促进学生认知能力的发展；结合语篇、语境教学，培养学生的语用意识；设计任务，培养学生创造性运用语言的能力。

（五）开拓语法教学新局面

高中英语教师只有在端正认识的基础上改革教法，才能开拓语法教学的新局面，真正把教学的重点转移到“实际掌握”上来，从而提高英语教学水平。语法是打开英语教学的金钥匙，我们要尽最大努力让语法打开每个学生的心扉，让每个学生都迈向知识的殿堂去迎接成功。

随着教育改革的发展，高中英语的教学方法也在发生着变革。但是，无论怎样变化，词汇作为语言的基础，其重要性是毋庸置疑的。由于近年来英语考试越来越重视阅读理解，客观试题在试卷中所占的比重较高，再加之目前中学英语教学中词汇教学比较薄弱，部分教师和越来越多的学生认为，似乎没有必要在词汇学习上花费太多的精力和时间。在这种认识的影响下，在高三一模复习中，时间越来越多地被用在培养学生阅读能力和技巧上，而用在词汇教学上的时间越来越少。其实，这种认识和做法是不科学的。词汇是语言的基本单位，其作用就如同高楼大厦的一砖一瓦，若没有足够的词汇储备，英语听说读写等综合运用能力只能是空中楼阁，无从谈起。因此，无论是为了应对高考还是为了提高英语水平，词汇在教学中的重要地位是不可动摇的。

虽然词汇在英语教学中的重要性是无可辩驳的，但学生学习掌握的现状却不容乐观。在英语教学中，学生大多反映掌握词汇很难，经常学习了新的，忘了旧的；或者学了一大堆的词却不会用，因而对学习词汇产生厌倦感和畏难情绪。有的学生由于词汇量小，看不懂课文，听不懂录音，从而丧失了学习英语的信心。

造成这种局面既有客观的因素，也有主观的原因。时间紧、任务重是其客观原因，如课改后的新教材词汇量大——每个模块有五六十个新单词和短语，学习每个模块大约需用5个课时。如此大的词汇量同时还有其他学习内容，要在这么有限的时间内顺利完成，的确有些力不从心，勉为其难。客观原因固然存在，但不可否认的是，在我们的教学过程中还存在许多有待改进之处。作为英语教师，我们应该尽力克服客观困难，充分发挥主观能动性，科学合理地进行词汇教学，以提高学生的学习效率，改善学生的学习效果。经过长期的理论学习，结合多年的教学经验，我们总结出以下几点教学建议供大家讨论参考，希望能抛砖引玉，共同提高。

1. 学习音标和音节的相关知识

英语词汇不同于汉语词汇，英语属于拼音文字，在拼读拼写形式上有其自身的内在联系。所以学好音标、音节和发音规律等知识，能有效地改善学生死记硬背、记得慢、忘得快的情况，大大提高记忆单词的效率。而且与死记硬背相比，这种记忆方法还可以使学生的记忆时间延长。此外，正确的读音也是听说读写等综合能力的基础。虽然已到高三，时间紧迫，但正所谓“磨刀不误砍柴工”“亡羊补牢，为时未晚”，高三教师应尽快给学生补上这一课。

2. 学习有关词性的知识

就记忆单词来说，了解词性和有关的构词规律可以让学生记得更准确、更高效。比如，抽象名词有的以tion或ment为后缀，一般形容词加ly后缀后成为副词等。学习词性和句子结构的知识，就不会在英语运用中出现动词做主语、形容词做谓语等低级语法错误，为学生的听说读写的正确性提供一层保障。

3. 采用语境教学法

众所周知，孤立的东西不容易记忆。如果把单词仅当作一个个彼此没有联系的个体来学习，记忆难度非常大，而且记得慢、忘得快，从而挫伤学生学习英语的积极性和自信心。要有效地学习、掌握词汇，就要将词汇放到句子、语境中学习，即我们所说的语境学习法。从使用词汇的角度看，词语连成句子或连成语篇，才能实现其表达思想的交流功能。因此，我们在教学过程中不能孤立地进行词汇教学，应千方百计地把词汇与句子、语境结合起来，并创造机会让学生自己造句，掌握词汇的用法。在词汇与句子语境结合的基础上，我们还可以将词汇、句子与语篇相结合，进一步扩大词汇的交流功能。必要时，在学完一个对话、一篇文章后，可以让学生听写或根据对话、课文内容进行改写等。采用语境教学法，不仅能帮助学生巩固词汇，而且能提高学生学习词汇的兴趣，发展他们运用语言的能力，达到学好英语的终极目的。

4. 归纳整理

复习不同于新授课时的学习。在经过前面的学习之后，在一模复习阶段，我们要指导学生把所学过的词汇，按读音、构词、习惯用法、语法特点，以及同义词、反义词、近义词等把所学的词汇串联起来，从不同的角度归纳整理，建立一个相互联系的“知识场”。

5. 对所学词汇进行主次划分

现在使用的英语教材，每个模块有五六十个新单词和短语。数量虽多，但不可否认，无论是从考试的角度还是从应用的角度，每个单词的重要程度都是不一样的。比如，表示化学元素的单词在以后学习中的复现率就不及动词的复现率高。这也就意味着前者的使用率不及后者高，前者不如后者重要。那么在学习时，我们就不该对两者做同样的要求。前者只要会读会写即可，而后者既要会读会写还要会用。因此，我们建议对新词进行分类，分清主次，把主要精力用在刀刃上。这样一来，既可减轻学生的学习负担，又可提高学习效率，一举两得。

总而言之，我们一定要端正认识：无论课程怎样改革，考试如何调整，词汇在英语教学中的重要性都是不可动摇的。作为英语教师，我们应在教学过程中采取各种有效的教学方法和教学措施，使“教”和“学”都成为高效劳动，为听说读写等综合运用能力打下坚实的基础。

三、下阶段课题研究工作部署

依据课题实施方案拟订的实施步骤，到2012年7月，课题应结束第二阶段。由于学生英语综合素质指导学生整个高三英语学习的全程性，以及一开始对课题研究复杂程度的预料不足，预计结课时间过早。为将课题研究进行得更加科学、合理，现将课题研究的时间及任务做适当调整。调整后的课题实施步骤拟订如下。

本课题研究时间为2011年7月—2014年5月。

第一阶段（2011年7月—2012年8月）——课题准备和启动阶段：调查、了解、论证、组织理论学习，成立课题组，制订课题研究方案。

第二阶段（2012年9月—2013年7月）——研究实验阶段：深入了解高三学生英语水平及影响英语考试成绩的因素。围绕“高三第一阶段英语复习模式探究”这一研究内容多角度、全方位地开展研究工作。

第三阶段（2013年8月—2014年5月）——课题总结阶段：整理分析研究资料和数据，总结反思研究成果，撰写结题报告，汇编课题成果，申请结题。

依据修订后的实施步骤，对下阶段工作安排如下。

（1）加大研究力度，向运用多元评价方法提高学生英语测试成绩、构建和谐师生关系等方面倾斜。

（2）要求学生每周背一篇作文，一定是熟背，然后利用自习时间统一默写、上交。要经常告诉学生写作一定要用见过的、背过的东西，多模仿，切忌闭门造车，胡编乱造。

（3）要求学生人手一本英语字帖，每周临摹2页，以提高他们的书法。

（4）经常找一些英语偏科的学生谈话，多鼓励他们并给予方法指导，帮他们制定合适的目标，以激发他们学习英语的兴趣。

相信有学校领导的大力支持，通过我们课题组成员的通力合作和学校师生及学生家长的密切配合，下阶段课题研究工作一定会按照制订的研究计划有序展开，既定目标一定会如期完成。

四、阶段研究成果呈现

（1）自实施综合素质评价方案以来，学生学习英语的精神面貌、学习风气有了较大的改善，学生对教师的理解和信任、师生关系的融洽程度等都有了显著的提高，已初步构建起平等、民主、信任、和谐的新型师生关系。

在学习方面，由于英语教师对学生的评价被纳入综合素质评价中，学生在英语教师的评价中逐渐养成了良好的学习英语的习惯，作业能够按时交，这促进了好的学习习惯的养成。在课堂上，英语教师的及时评价可以增添课堂活力，拓展学生参与课堂的深度和广度，特别是对平常上课不喜欢学英语的学生效果显著。在行为习惯养成方面，平常让英语教师比较操心的背诵单词、语法结构分析、阅读理解等，在综合素质评价方案实施中都可以找到衡量行为是否规范的标准，同时在加减分的刺激下，学生变得更加注重生活的细节，增强责任心和集体荣誉感。在课下记忆背诵方面，无论是单词、句子、句型还是阅读，都可以感受到学生积极参与的热情。英语学习小组可以以综合素质评价方案为大纲，制订具有英语复习阶段特色的细化评价方案，使全面评价方案深入学生内心，这对营造良好的英语学习氛围、形成良好英语学习习惯有很大的促进作用。

（2）通过前阶段的研究，课题组成员和全体教师对课题的认识不断深化，比较清晰地认识到了课题研究的方向。教师参与课题研究的积极性提高了，对课题研究的畏难心理逐渐消失了，开展教学研究的能力不断提高了。

（3）通过课题研究，课题组成员提交了科研成果，发表了论文，学生在全国中学生英语能力竞赛中取得了优异成绩，教师获奖20多项。具体内容如下。

① 课题研究成果。本课题研究成果《高三第一阶段英语复习模式探究》获2012年市级教育科研优秀成果奖。

② 论文。《高三一模复习之语法攻略》发表在国家级刊物《21世纪英语教育》（2013年第240期）上，《快乐的英语课堂》发表在国家级刊物《英语周报》（2011年第675期）上。

③ 教师获得的荣誉。王萌老师于2011年、2013年两次获聊城市优质课一等奖、县优质课一等奖，担任山东省普通话测试员，获聊城市“知识型职工先进个人”荣誉称号、县优秀教师、县优秀班主任、县教育教学综合奖，其指导的学生李丹丹获全国中学生英语能力竞赛高三年级组三等奖，2013年所带的高三毕业班获县优秀班集体，其论文《高三一模复习之语法攻略》发表在国家级刊物《21世纪英语教育》（2013年第240期）上。

李广利老师获县教育教学综合奖，其指导的学生李冰冰获全国中学生英语能力竞赛高三年级组一等奖，其论文《高三一模复习之语法攻略》发表在国家级刊物《21世纪英语教育》（2013年第240期）上。

闫文老师获2011年县公开课优秀奖、县教育教学综合奖，其指导的学生田嘉辉获全国中学生英语能力竞赛高二年级组一等奖，其论文《快乐的英语课堂》发表在国家级刊物《英语周报》（2011年第675期）上。

陈少勇老师获县优秀教师奖，荣获“县优秀课改教师”称号，以及县教育教学综合奖。

王月锋老师指导的学生获全国中学生英语能力竞赛三等奖，其论文《高三一模复习之语法攻略》发表在国家级刊物《21世纪英语教育》（2013年第240期）上。

④ 学生获得的荣誉。2013级高三七班被评为县级优秀班集体。李冰冰同学在2012年全国中学生英语能力竞赛中荣获高三年级组一等奖。田嘉辉同学在2011年全国中学生英语能力竞赛中荣获高二年级组一等奖。李丹丹同学在2013

年全国中学生英语能力竞赛中荣获高三年级组三等奖。张倩倩同学在2013年全国中学生英语能力竞赛中荣获高三年级组三等奖。

高三英语半开放式作文写作教学设计

一、教学内容

2014年英语全国高考新课标Ⅱ卷的书面表达以“十年后的我”为题，让考生从家庭、工作和业余生活三个方面，发挥想象，写一篇英语短文。自此，连续三年的英语高考书面表达题都采用了“半开放式”作文的考查形式。高考英语新疆卷的书面表达题也彻底完成了从传统的指导式作文向半开放式作文的转变。

传统的英语作文往往是列举出写作的详细要点，考生只需逐条将规定的内容要点翻译成英文，并添加一些过渡连接词和细节，使得全文通顺连贯即可。而半开放式作文却恰恰相反，提供给考生的是提纲挈领式的内容要点，只是点到为止，考生往往要发挥想象增加细节，独立构思、布局谋篇，最大限度地发挥主观能动性。所以，半开放式作文也能较真实地反映考生的语言水平和思维深度。在给予考生更大的语用能力发挥空间的同时，也增加了写作的难度和考试的区分度，对考生的英语写作能力提出了更高的要求。

由于半开放式作文出现在新疆卷中仅仅三年，很多教师和考生尚未形成完善有效的半开放作文写作技巧和策略。而且很多学生对英语写作本就充满了恐惧和排斥情绪，在面对难度更大、能力要求更高的半开放式作文时，更无从下笔，偏题跑题、语用错误比比皆是。

本教学设计的主题是向学生介绍什么是半开放式作文，并通过列举学生在写半开放式作文时遇到的主要问题和常见常犯的错误，来攻克学生在写作中常见的审题不清和写作要点不突出的问题。

二、教学目标设计

（一）知识目标

（1）明确知道什么是半开放式作文。

（2）熟悉半开放式作文的命题特点、写作方式。

（3）明确半开放式作文的能力考查目标。

（二）技能目标

（1）学会半开放式作文的审题方法。

（2）能够正确审题，可以审清题、不跑题并能分清写作内容的主次。

（3）初步形成半开放式作文的有效写作策略和技巧。

（三）情感价值观目标

提升学生写作的兴趣，提升学生学写半开放式作文的信心。

三、教学重难点分析

（一）教学重点

指导学生知道什么是半开放式作文，明确其特点和对考生提出了哪些语用能力的考查要求，能够初步形成半开放式作文的写作策略。

重点突破：首先，直观地展示传统指导式作文和半开放式作文的例题，使学生通过对比明确理解两者的本质差异。其次，辅以展示2014—2016年三年的高考书面表达题，学生可以更深刻地明确高考作文命题趋势和对写作能力、技巧的考查要求。

（二）教学难点

使学生学会半开放式作文的审题，即做到“四审”：审语境、审要点、审人称、审时态和语态。

难点突破：以列举学生在写作半开放式作文时常见常犯的问题和错误为先导，循序渐进地设计教学活动和教学环节，激发学生的写作兴趣和创新思维，层层深入地引导学生进行自主学习与自主探究。

四、教学策略与方法

（一）教学策略

新课标中明确要求学生不仅要能够写出语意连贯且篇章结构完整的短文，还要能够准确地表达自己的思想观点和意旨态度。

本节课以该要求作为教学设计的基本指导，以提升学生写作能力为中心，以解决学生在写作中存在的问题为抓手，合理设计教学活动和环节，促使学生自主地进行信息加工、知识意义建构，从而促进学生语言综合运用能力发展。

教师在课堂教学中要适时、适度地介入，起到组织、启发、引导和帮助的作用。教学活动设计要既有创造性又富挑战性，并及时客观地对学生的表现进行反馈评价，巩固学生的学习效果。

（二）教学方法

（1）演示法。将制作的教学课件直观地展示给学生，有利于学生对所学知识和学习中存在的问题有直观明晰的把握。

（2）任务驱动教学法。将学习过程设计成开放性和具有适当挑战性的任务或问题。学生通过分析、讨论并在教师的指导与帮助下找出解决问题和完成任务的方法。

（3）评价法。及时适当的评论对学生的学习有积极的促进作用。在学生学习的过程中，教师一定要认真仔细观察学生学习的细节，并对学生表现出来的进步或是暴露出的问题进行及时的评价反馈。

五、教学过程（步骤）设计

教学流程见图7–1–1。

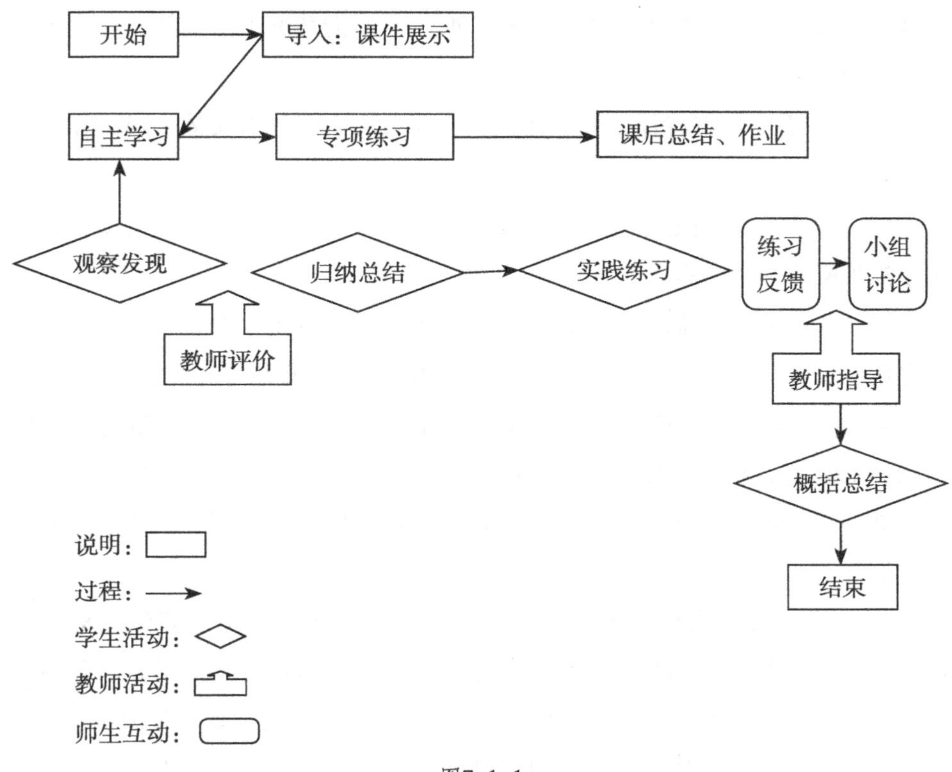

图7–1–1

Step 1：导入

教师通过课件向学生展示2014—2016年的英语新课标Ⅱ卷的书面表达题，并与之前的传统指导式规定命题作文进行比较，使得学生对半开放式作文的特点有更明确直观的认识并了解高考书面表达题的命题趋势。

Step 2：发现与探究

教师通过课件展示学生在写半开放式作文时普遍存在并具有代表性的问题，如书写潦草、版面混乱（不分段、段落安排不合理等）、审题错误（跑题、偏题等）、语法知识错误、语言组织问题（逻辑混乱、主次不分、东拉西扯等）以及思想态度不够积极向上。

Step 3：总结与归纳

强调半开放式作文的常规审题步骤，注重写作的规范性。写好灵活性大、能力要求高的半开放式作文，一定要在动笔之前认真审题。建议考生多读两遍写作要求，不要先入为主、断章取义，要清楚准确地了解写作内容。务必做到以下几点。

（1）审语境。审清什么人、什么事、什么时态、什么文体，对写作的要求做到心知肚明。

（2）审要点。确定作文有几个要点，要写哪几个方面，不可有遗漏也不可添油加醋、无中生有。

（3）分主次。一篇好的习作不可能是不分主次的流水账，在审清写作要点之后，就要“分主次、定要点”。这样的作文才能重点突出，主次分明。

（4）定时态。时态其实是强调语法问题。好作文一定要尽量避免语法错误，而且要合理恰当地使用高级的词汇和句式。英语中一些比较高级的语法，如非谓语动词、主从复合句都可以运用在写作中。可以尝试使用倒装或虚拟语气。

（5）定人称。人称其实是语气问题。很多学生一味追求高级的语法结构，误以为高级词汇句型必定会拿高分，却忽视了写作的一个重要功能就是传情达意。目前，半开放式作文都以书信的文体形式出现，学生作为一位“写信人”，怎能忽视“读信人”的具体情况。明确“读信人”是谁、是什么身份，再合理地遣词造句，选择用何种语气来写信，才能写出真正的好作文。

Step 4：家庭作业

你们学校聘请了一位外教Nancy, 你的英语基础比较差，上外教的课有一定困难，给你的外教发一封e-mail，谈谈你在英语学习中的困惑，介绍一下你学习英语的情况，并请求外教给你提一些建议。内容要点如下。

（1）介绍自己的情况。

（2）提出学习中的问题。

（3）希望得到老师的帮助。

参考词汇：努力（effort）、进步（progress）。

六、结语

本教学设计是高三第一轮复习中半开放式作文写作辅导专题的第一课。

本课的两大重点是介绍什么是半开放式作文和半开放式作文的审题方法与技巧。本课通过直观地展示学生的真实写作错误案例，鼓励学生自主发现探究，归纳总结，并结合实操较全面扎实地明确半开放式作文的特点和学会正确审题，为写作水平与成绩的提高打下坚实的基础。

第二节 词汇提升

新课改背景下高中英语词汇教学方法探讨

高中阶段作为学生学习英语的关键时期，其词汇量巨大而且仍然处于一个发展的阶段，相对于学生的能力而言，学习难度较大。英语教师承担着重要的责任，对于学生英语词汇的理解和记忆起着关键的作用。就目前来看，新课程标准改革如火如荼地进行，语言知识成为衡量学生语言能力的重要标准，词汇的学习对于学生语言能力的发展有着十分重要的作用。但是在高中英语课文难度加大、词汇量激增的情况下，传统的教学方法已经不适合英语词汇教学。

一、目前我国高中英语词汇教学存在的问题

首先是教学方法的单调性。传统的英语词汇教学方法比较单一，容易引起学生的反感，导致学习情绪低落，学习效率低下。其次是词汇教学的孤立性，词汇的教学变成了词典的教学。教师在课上孤立地讲解单词的词义而忽视了单词的语境，单词在不同的语境中与不同的单词搭配会表现出不同的意思，孤立地学习单词的词义失去了意义。尤其是高中教师的英汉词汇对照教学禁锢了学生的思维，导致学生只知其形而不知其义，单词都好像学过却在运用时出现问题。再次是教学偏向记忆性，大部分英语教师都是在机械式记忆的学习环境中成长起来的，其本身的学习方法就偏向记忆，所以他们也要求学生在机械式地重复记忆，单词在学习过之后没有复习计划。根据艾

宾洛斯记忆曲线，新掌握的知识需要有计划、有目的地进行复习，将词汇的记忆由短期记忆变为长期记忆。最后是在文化意识培养上的淡薄。教师只进行语言的教学而忽略了语言背后的文化环境，使学生无法正确地使用语言。

二、新课程标准下高中英语词汇教学方法

新课程标准对高中英语词汇的教学提出了更高的要求：调动学生的学习积极性，引导学生按照科学的记忆规律来进行英语词汇的学习，形成灵活的学习方法和良好的词汇学习习惯，解决学生在词汇学习运用方面的困惑，提高学生的词汇量，从根本上提高学生的听说读写能力。

（一）以游戏代教学，培养学生良好的学习兴趣

让学生学好英语的关键是激起学生的学习兴趣，让游戏走入课堂对于培养学生的学习兴趣、提高学习效率有重要的作用。利用学生已经掌握的语言知识设计游戏，让学生在复习旧知识的情况下学习新的知识。例如，猜单词游戏，将学生分成两队，一队根据另一队的描述而猜出单词；填单词游戏，在给出的字母表中挑出几个字母组成一个单词，按照已经给出的短文和词性要求来完成。诸如此类的游戏，一方面营造出了热闹的课堂气氛，另一方面让学生主动参与到学习中，还培养了学生的合作意识。

（二）将单词带入语境，培养学生的发散思维能力

语境制约着语言单位的选择、意义的表达和理解。如果词汇的学习离开了语境，单词的意思也会变得单调，因为单词往往有多个词义，一词多义和多词同义的情况十分常见。在英语词汇的教学中，创造出一定的语境，让学生在语言情境中体会词汇的词义，有利于词汇意思的掌握和语言文化背景的学习。

（三）直观的教学方法，培养学生的直观记忆能力

直观的实物教学法让学生将客观事物与单词建立联系，从根本上理解其意义，即用直观的实物道具唤起学生的学习兴趣，帮助学生培养直观记忆能力。photograph等单词可以利用实物进行教学，让教学形象生动起来，给学生留下深刻的印象，培养学生的直观记忆能力。

参考文献

[1] 何道瑞. 新课标下高中英语词汇教学新思路[J]. 考试（教研版），2006（11）.

[2] 张大均. 教育心理学[M]. 北京：人民教育出版社，2004.

[3] 胡玉珊. 让英语走出课堂 让游戏走进英语——英语词汇游戏教学法探索[J]. 渭南师范学院学报，2004（S1）.

[4] 黄玉梅. 新课程标准下高中英语词汇教学方法研究[D]. 武汉：华中师范大学，2008.

谈英语词汇的重要性

“英国文化协会统计，最近10年来，世界上有20亿人在学习英语，有30亿人能应用英语，非英语国家说英语的人数是英语国家的3倍；亚洲有3. 5亿人能使用英语，是美国、英国和加拿大使用英语人数的总和；中国有近1亿的儿童在学习英语。”从这些数据来看，学英语真的是很必要。而在教学过程中，所有的教师都知道，教好英语首先要让学生掌握的必然是词汇。很多学生都觉得这门学科单调、枯燥，特别是词汇太多，学起来吃力。究其原因，是学生学习英语的接触面少、说练机会少，以及它与中文的部分反差等诸多因素，使得学生对英语词汇常存在“厌、怕、弃”的不健康的心理。因此，这使我们不得不研究一个更好的英语词汇的教学方法。以下三点是笔者对英语词汇教学的一些拙见。

一、消除恐惧心理

很多学生一见到英语单词就逃避，认为英语单词怎么记都记不完，小学记过了，中学还要再记。这时，学生首先在心理上就认输了，如果恐惧心理一直存在的话，那是永远都记不住单词的。而这时教师在教学中要跟学生讲清楚，英语单词虽然多，但真正需要我们记住的、经常使用的词汇是很少很少的。很多单词学生在小学的时候就已经学过了，教师要做的工作就是唤醒学生曾经的记忆。可以按词的词法特征把英语词汇分成十类，还可以按词的句法功能把它们分成两类，即意义词（content word）和功能词（function word）。意义词都有实义，而功能词的词义一般都很弱；意义词词汇量大，但使用频率低，而功能词词汇量虽然小，使用频率却很高。国外的语言学工作者曾做过调查，英语中最常用的50个词，全部是功能词。意义词具有专业性，一些专业词汇其他专业的人未必看得懂。跟学生讲了这些特点之后，相信学生肯定能从心理上消除对英语词汇学习的恐惧。在理解了意义词和功能词的语法特征之后，可以要求学生对词汇采取不同的学习方式。时刻记得：记住该记住的，接受能接受的。学生不对英语词汇产生恐惧心理的话，学好英语的前提条件就已经具备了。想学好英语就必须多记单词。

二、激发兴趣

兴趣是最好的老师。很多学生学不好英语，记不住单词，大部分原因是对英语、对词汇不感兴趣。再加上没有学习英语的环境，就更学不好了。学生学习英语最大的困难就在于严重缺少英语语言环境。因此，如何最大限度地扩大学生的英语接触面，改善英语学习的语言环境，使学生能在自然、真实、有意义的过程中学习英语，这是英语教学中一直难以解决的问题。众所周知，孩子都是喜欢玩的。笔者对所教的两个班的学生进行了问卷调查，结果显示，90%的学生喜欢上课时多做游戏，或通过英文歌曲、英文电影等来学习词汇。因此，在教学生学英语词汇时，可以采用如下的方法。

1. 通过游戏学词汇

例如，在教one, two, three, four等单词时，让学生读几遍之后，玩Bingo游戏“①Choose nine numbers from 1 to 20 and put them into a table like this... ②Listen to the teacher and cross out（×）the numbers you hear. ③Say “Bingo!” when you have crossed out any three numbers in a line.”。游戏结束后，做错了的同学就要被罚唱歌。学生都很喜欢玩这样的游戏。

再如，在教身体部位等单词时，可以和学生玩Bobby Says游戏：老师说“Touch your head.”时，学生站着不动，什么都不用做，但是当老师说“Bobby says, 'Touch your head. '” 时，学生就要用手触摸自己的头。

这些游戏都很好玩，很多学生都喜欢做，在游戏中，学生就把英文数字1到20和关于身体部位的英语单词的读音和书写，牢牢地记在脑袋里了。

2. 通过英文歌曲、英语电影等辅助词汇教学

很多学生本来就怕记单词，如果教师用一成不变的教学方法，学生就会产生厌恶的心理，更不用说能好好地记单词了。因此，在词汇教学中，教师要经常变化教学方式，用学生感兴趣的教法来帮助他们记词汇，这就要求教师认真备课并多动脑筋，精心设计每一节课，哪些是重点，哪些是次要的，目标必须明确。例如，在学习了rain这个单词后，笔者教学生学习这首歌“Rain，rain, go away. Come again another day. Little children, little children, little children want to play... ”；当讲到early、bird、catch、worm时，笔者让学生认真记住课文里的谚语“The early bird catches the worm. ”。这样学生接受得很快，而且不容易忘记这些单词。还有，鼓励学生多看英文电影，使自身融入电影中，学单词就不会那么枯燥，就能更好地记住那些枯燥的单词。科学家们也研究过，其实影像图片更容易进入人的大脑里。学生只要看过的画面，过后就很容易想起来，这时，与它相对应的单词自然而然就浮现在眼前了。实践证明，教师善用灵活多样的教学方式，运用与讲授内容有关的，真实、生动、简洁、有趣的历史典故、名人逸事或新闻报道，可吸引学生的注意力，使学生更好地接受新的知识，更好地记牢每个单词。

三、因材施教

每个人的记忆能力都不一样。在教学过程中，教师应给学生讲明应找出最适合自己的学习方法来记忆词汇。下面是一些笔者记忆词汇的诀窍，也经常在课堂上提过和讲解过，都收到了很好的效果。掌握好如下这些记忆诀窍之后，记忆词汇并不是一件难事。

1. 根据发音规则来记单词

其实英语单词是可以不用背的，只要你能熟记48个国际音标的读法，运用到实际单词中，你只需要听音就能写出它对应的单词来的。例如，bad的音标是［bæd］，mum的音标是［mʌm］，head的音标是［hed］，等等，只要知道一般规律——辅音元素很少变音，变音的几乎都是元音音素，就能马上读出和写出对应词汇的音标。又如，international的音标是［intə'næʃənəl］，function的音标是［'fʌŋkʃən］，要找到重音应该放在什么位置，你只需永远记得："重音总是放在最顺口的地方"，就能很快地读出其音，并记在脑袋里了。

2. 根据同义词、近义词来回想其他单词

hurry up的近义词是immediately、right now等。与"Thank you all the same."类似的有"Thanks all the same.""Thank you anyway.""Thanks anyway."。good的反义词是bad，long的反义词是short，big的反义词是small，等等。熟能生巧，多练多记，以后只要一看见某单词，很自然地就会想到其同义词和近义词。

3. 通过联想法记忆单词

（1）形与义的联想。例如，把eye的两个e看成两只眼，把banana的a看成一个香蕉，把bird的b和d看成两只翅膀，把zoo看成200。

（2）象声词，联想实际的声音。例如，gong——敲锣声，coo——咕咕声。

4. 根据扩展法记忆单词

虽然英语单词的数量浩如烟海，但常用的词根、词缀数量和汉字的偏旁部首差不多，只有二三百个。若利用词缀、词根对英语单词进行构词分析和解形释义，单词既好认又好记，词义一目了然。英语单词无外乎就是增字母、减字母而已。例如，①前面加字母: is—his, ear—near\hear; ②后面加字母: hear—heart, you—your; ③中间加字母: though—through; ④减字母: she—he; ⑤换字母: book—look; ⑥调字母: blow—bowl, sing—sign。此外，在英语中最复杂的单词莫过于共有45个字母的单词——pneumonoultramicroscopicsilicovolcanoconiosis，该单词的意思是：硅酸盐沉着病，尘肺（一种矿工易染的病）。要想记住这么长的单词，只需理解：pneumono(of lung)+ultra(beyond)+micro(very small)+scopic(of viewing or observing)+silico(of silicon)+volcano(of volcano)+coni(koni,of dust)+osis(forming the name of a disease)。那么，这个长长的单词你只需要二三遍就能轻松地记下来了。

总之，词汇在英语教学中是关键的。让学生克服种种困难后不再害怕记词汇是每个教师应该尽可能去做的事情。同时，教师要加强自身能力的提高，在教学中不断创新、不断改进，从而使得英语词汇教学再也不是枯燥、乏味的，取而代之的是有趣、生动的教学过程，激发学生词汇学习的自主性，提高教学效率。教师认真对待了词汇教学的工作，那么，何愁学生学不好呢？

参考文献

[1] 詹道海. 如何激发学生学习英语的兴趣［J］. 新教育（海南），2005（11）.

[2] 薄冰，何政安. 薄冰新编英语语法［M］. 北京: 世界知识出版社，2004.

[3] 王卫东. 如何在高中英语教学中利用网络资源［J］. 新教育，2006（30）.

[4] 许建平. 英汉互译实践与技巧［M］. 北京: 清华大学出版社，2003.

形容词（短语）在句中的位置及语义

一、形容词的概说

形容词是表示人或事物的特征的一种词类，在句子中可以充当定语，对名词或代词起修饰、描绘的作用；也可以充当表语或补语，修饰主语（宾语）或说明主语（宾语）的情况；还可以充当状语，并且受very等程度副词的修饰，有比较级和最高级。

下面是形容词用作定语、表语、补语和状语及其语义。

（1）绝大部分的形容词既可用作定语，又可用作表语，其语义不改变，这类形容词大部分是表示人的外部特征的，如pretty、tall等。如：

① Mary is pretty.（表语，漂亮）

② Mary is a pretty girl .（定语，漂亮）

③ Tom is tall .（表语，高的）

④ Tom is a tall boy .（定语，高的）

（2）有一部分形容词既可用作定语，又可用作表语，其语义改变，这类形容词多为以a-开头的表语形容词，如alive、afloat、alike、ablaze等。如：

① He is alive .（表语，活着的）

② He is a greatest poet alive.（定语，当代的）

③ The boots are afloat on water.（表语，浮着的）

④ The boats afloat were not seen by the enemy.（定语，当时浮着的）

（3）有的形容词既可用作补语，又可用作状语，其语义不变，这类形容词大部分是表示事物外部特征的形容词，如quiet、fresh等。如：

① She glanced at the cat now quiet.（状语，安静）

② I find the cat quiet.（宾补，安静）

③ I think these apples fresh .（宾补，新鲜）

④ We must eat these apples when fresh.（状语，新鲜）

（4）有的形容词既可用作补语，又可用作状语，如fine、good、nice、bright、big、lovely等，这类形容词与and连接，位于另一个形容词之前，修饰后面的形容词，其含义相当于副词very、quite。如：

① He drove the car nice and fast.（状语，相当）

② I think the apple nice.（宾补，可口）

③ Mother is big and busy on Christmas Eve .（状语，非常）

④ We find the room big.（宾补，大的）

二、形容词在句中的位置及语义特点

（一）形容词作前置和后置定语时的语义

（1）形容词在句中作定语时，通常放在它所修饰的名词或代词前面，被修饰的名词称为主体词（head-word），形容词和主体词结合起来表示一个单一的意思。如：

① I like good students.　　　　　　　　（我喜欢好学生。）

② The tall man sat down quickly.　　　　（那高个子男人很快坐下了。）

③ The boy spent all of his free time playing electronic games .

（这个男孩用他所有课余时间去玩电子游戏。）

④ The railroads are still a significant mode of transport .

（铁路现在还是一种重要的运输方式。）

⑤ He likes to boasts about his culinary skills .

（他喜欢夸自己的烹调技术。）

（2）如果有几个属于同一层次的形容词出现在名词中心词之前，通常用逗号隔开或用and连接，一般的词序是较长的形容词列于最后。如：

It was a rainy，windy，freezing day. 在这样的结构中，如果出现程度副词，可根据说话人的意图放置，如：“① It was a rather rainy, windy, freezing day. ② It was a windy, rainy, thoroughly freezing day. ”。

（3）当名词中心词之前出现几个属于不同层次的形容词作修饰语时，常常涉及词序问题，一般按下列词序排列：

① 限定词（冠词、物主代词、指示代词、数词等）。

② 一般描绘性形容词（beautiful、interesting 等）。

③ 表示度量（大小、长短、高低）的形容词。

④ 表示形状的形容词（round、square 等）。

⑤ 表示年龄、新旧的形容词（old、new 等）。

⑥ 表示颜色的形容词（green、gray 等）。

⑦ 表示国籍、地区、出处或来源的形容词（American、city 等）。

⑧ 表示物质、材料的形容词（wood、silver 等）。

⑨ 表示用途、类别的形容词或作定语的名词（mechanical、writing 等）。

⑩ 被修饰的名词。如：

· a weak small spare old man　　　（一个瘦弱的小老头）

· the first beautiful little white Chinese stone bridge　　（那一座美丽的中国小白石桥）

· a few new major urban highways　　（几条新的主要城区公路）

· a pretty purple silk dress （一件漂亮的紫绸女衣）

· a very valuable bronze Egyptian cat （一只非常珍贵的埃及铜猫）

· some sour green eating apples （一些酸绿的苹果）

· a tall intelligent young Chinese officer （一个聪慧的个子很高的年轻的中国军官）

（4）形容词本身带有不定式，介词词组等构成的形容词短语作定语时，通常后置，这类后置修饰语在意义上相当于一个从句。如：

① He is a man (who is) worthy of attention .

② Students (who are) brave enough to attermpt the course deserve to succed .

③ The boys easiest to teach were in my class .

有时，形容词可置于被修饰的名词前，与其补足成分分隔开。如：The easiest boys to teach were in my class .

（5）当被修饰的词是由some，any，no或every和-thing、-one、-body等构成的合成不定代词时，作定语的形容词应后置。如：

① The doctor tried everything possible to save his life .

② Tell me something interesting .

③ Anyone intelligent can do it .

修饰anywhere之类的副词也如此。如：Let's go somewhere quiet .

（6）以a-开头的表语形容词虽不能放在名词前作定语，但有时可以紧跟着被修饰的名词作后置定语，表示暂时性的情况。如：

① The house ablaze is next door to me .

② The boats afloat were not seen by the enemy .

③ He is the greatest poet alive .

这种形容词如带有修饰语，偶尔可用作名词的前置修饰语。如：

① the fully awake patient .

② a somewhat afraid soldier .

（7）有些形容词用作非限性定语时，亦可后置。如：

① The man，silent，stood beside her .

② The man，nervous，opened the letter .

（8）有些形容词在某些固定搭配中，作后置修饰语。如：

· Secretary general （秘书长）

· the third person singular （第三人称单数）

· a poet laureate （桂冠诗人）

· court martial （军事法庭）

· heir apparent （推定继承人）

· notary public （公证处）

· consul general （总领事）

· letters patent （专利证）

（9）有些形容词作前置或后置定语时，其语义不变。如：

① suitable actors = actors suitable （合适的）

② every available fire–engine = every fire–engine available （可调用的）

③ the involved / concered / interested party = the party involved / concered interested （有关的当事）

④ in past years = in years past （过去的年月）

⑤ positive proof = proof positive （下面的证据）

⑥ total sum = sum total （总数）

⑦ the following days = the days following （以后的日子）

⑧ The live in the nearby village / the village nearby. （他们住在附近一带的村子里。）

⑨ He has enough money / money enough to buy whatever he likes to. （他有足够的钱，想买什么就买什么。）

（10）有些形容词作前置或后置定语时，其语义改变。如：

① The man responsible is here. （应负责的）
He is a responsible man. （可信赖的）

② You have to do the experiment in a proper way. （适当的）
He loves in shanghai proper. （市区）

③ They are talking about the present situation in the world. （目前的）
I know all the members present. （出席的）

④ the stars visible （当时）看得见的星星 （表暂时性）
the visible stars 可见星 （表永久性）

⑤ the rivers navigable （当时）可以通航的河流（表暂时性）
the navigable rivers 可通航的河流（表永久性）

⑥ This is the only passable road. 可通行的（表永久性）
This is the only road passable. （当时）可通行的（表暂时性）

（二）形容词作表语时的位置和语义

（1）形容词作表语时，通常放在系动词之后，修饰主语或说明主语的情况，大多数是一些描绘性形容词，如hungry、beautiful、honest、sad、old、tried、ill、fat等。如：

① You are hungry.

② He is growing fat.

③ The weather was cold,went and windy.

④ The situation seemed desperate.

（2）如果形容词需要强调，而主语又有较长的修饰语，形容词可放在系动词及主语的前面。如：

① Happy is he who is satisfied with what he has.

② Gone was the days when my heart was young and gay.

（3）形容词前如果有how修饰，也可放在前面。如：

① How old is he?

② How rich this country is!

（4）一些表示强化意义和限制意义的定语形容词作表语时，其语义发生变化。如：

① a pure mischief　纯粹的恶作剧
The air by the sea is pure.　海边的空气是洁净的。

② A certain teacher　某位教师
He is certain that he will win.　他确信他会赢。

（5）一些表示健康状况的形容词，如well、unwell、ill、faint等，不能作修饰语，只能作表语时，通常放在系动词之后。如：

① He's been ill for a long time.

② I'm very well, thank you.

这些形容词只表示一种暂时的状态，不是永久的特性，注意sick、healthy不属此列。如：

a sick / healthy man　一个病/健康人

（6）某些以前缀a-开头的形容词只能用作表语或宾语补足语，而不能用作前置定语，这类形容词有afraid、alike、alive、alone、asleep、ashamed、astir(轰动起来)、awake、aware等。如：

① You should be ashamed of your behavior.

② The two sisters are very much alike.

当这类形容词紧跟着被修饰的名词作后置定语时，其语义发生变化（前面已讲过）。如：

① Time alone will show who is right.　　（定语，只有）

② The old man is quite alone.　　（表语，孤独的）

（三）形容词在句子中作补语时的位置和语义

（1）形容词用作主语补足语修饰说明主语。如：

① The room was found empty.　　发现房间是空的。

② Don't marry young.　　不要早婚。

（2）形容词用作宾语补足语时，放在宾补动词之后，对宾语加以修饰或说明。如：

① They make me angry.

② I thought it easy.

③ We found it impossible to cross the road.

（3）如果宾语很长，形容词也可放在动词的后面，紧跟动词。如：

① Mother keeps clean the floor, the furniture and everything.

② He left vacant all the rooms of his hotel.

③ He set free all the prisoners in the village.

（四）形容词短语作状语时的位置及语义

形容词短语作状语时，可以是单个形容词，也可以是形容词短语，可表示原因，伴随条件、时间等语义常位于句首，也可置于句中或句末，有时可带连词。

（1）形容词短语用作状语，即为动词从句，其逻辑主语通常为句子主语。如：

① Afraid to knock on the door, she stood there hesitatingly.

她不敢敲门，犹豫不决地站在那儿。　　（表原因）

② He spent seven days in the wind and snow, cold and hungry.

他又冷又饿地在风雪中度过了七天。　　（表伴随）

③ The sea lay below them, golden in the sunlight.

大海在阳光下泛着金光。　　（表条件）

④ When young, I look at such-things quite differently.

年轻时，我对这种事情的看法完全不同。　　（表时间）

⑤ The oranges, when ripe, are picked and sorted.

这些橘子熟了的时候，就采摘下来，并进行分选。　　（表时间）

⑥ The child is never peevish unless sick.

除非有病，那孩子通常是从不暴躁的。　　（表条件）

（2）其逻辑主语也可为句中的宾语（此时，形容词通常带修饰语等）。如：

① She glanced at the cat, now quiet.

她瞅了猫一眼，它这时已安静下来了。

② You must eat it (when) fresh.

你应该趁新鲜的时候吃。

（3）有时形容词还可以作为整个主谓结构（无连词时，仅少数的形容词可以这样用，如curious、funny、odd、surpring以及与more或most连用的important、remarkaable等）。如：

① Strange, he's never heard that popular song.

奇怪，他从未听到过那首流行歌曲。

② It necessary, I can come at six.

如果必要，我可以六点来。

三、结语

以上是对形容词（短语）用作定语、表语、补语和状语时，在句中的位置和语义的分析，说明了形容词（短语）的位置决定了其语义，或者也可以由其语义来决定其位置。

参考文献

［1］薄冰. 高级英语语法［M］. 北京：高等教育出版社，1990.

［2］罗国梁. 当代实用英语精华［M］. 上海：华东理工大学出版社，2006.

［3］梁志. 实用英语语法新概念［M］. 天津：天津科技翻译出版公司，1993.

[4] 王少琳. 大学英语四级语法集训 [M]. 北京：首都师范大学出版社，2011.

[5] 张道真. 实用英语语法 [M]. 上海：商务印书馆，1985.

[6] 章振邦. 新编英语语法教程 [M]. 上海：上海外语教育出版社，1995.

第八章

学习心得

第一节　随　笔

冬日齐聚话教研，不忘初心共成长

2021年1月17日，聊城市教育与体育局组织水城名师领航工作室成员赴杜郎口中学举办集体教研活动，笔者有幸参与其中，与来自莘县实验高中的胡玉玲老师、聊城第一中学的梁成锋老师就高考英语的读后续写进行了同课异构的教学展示，感慨颇多，受益匪浅。

本节课内容选自2020年浙江高考模拟试题，围绕“Open the door in your heart to communicate with others.”话题展开。通过上课时学生的表现和反应以及测验作文的批改，笔者的反思如下。

（1）课堂一定要坚持以学生为主体，把课堂还给学生。教师可以针对学生出现的问题给予精准指导，不断强化，帮助学生补全知识的漏洞，并给予合适的方法指导，引导学生形成适合自己的学习策略。

（2）教学设计要有层次。由激发背景知识，到引导学生复述学习过程，再让学生小组合作探讨文中老人怎样打开自己的心扉，走出房子与人交流，最后通过续写巩固本节课知识，层层递进，相互关联。

（3）在课堂上要留给学生足够的时间整合知识、消化知识和思考问题。

（4）教学设计既要注重语言知识的学习，又要注重思维品质和文化意识的培养。

本节课内容贴近生活实际，学生比较感兴趣，取得的效果还是比较好的，但也有不足的地方，如自身业务能力有待磨炼提升，课堂用语还不够简练，发音有误，课堂的氛围还不够热烈，学生有些紧张，不够大胆表达。今后我们会从以下方面改进。

（1）学英语要有一股不怕丢脸的勇气。学生在英语课堂上有所畏缩，所以笔者以后要鼓励学生大胆地说英语，每一次的表达都是一种攀登。学生的想象力是丰富的，笔者要鼓励他们创造性地改编材料，改成对话、情景剧、演讲等多种形式，让他们体验到创造的快乐。

（2）亲其师，信其道。尊重每个学生，注重抓住一切时机激发学生创新的欲望,注意对学生的学习行为和学习结果、反应等做出客观、公正、热情、诚恳的评价。对于底子薄的或性格内向的学生，降低他们的学习标准,当他们取得一点小小的进步时，要鼓励他们，让他们感到有成就感。

在本堂课中，笔者首先注重的是语料的积累，其次是给予相应的策略指导。在本堂课中，有一些学生所犯的错误值得我们总结思考。比如，有一些同学缺乏同义词替换意识，总是想当然地认为听到老师讲什么、什么重复得最多，就是关键词。坚持从学生的错误中学习，倾听学生的想法。由于师生的知识储备、思维方式不同，有时候老师很难理解学生为什么会出错。通过研究学生的错误，询问学生的想法，老师便能更加清晰地讲解题目。在今后的课堂中，笔者会继续努力，与学生一起学习、一起进步。

作为此次活动的参与者，笔者非常感谢田局长的接见，韩校长和张校长的热情招待，同时非常感谢市教体局给我们提供了展示自己、学习他人的平台。自2012年在聊城大学听崔其升校长的报告以来，笔者对杜郎口中学的办学理念充满了憧憬。通过这次活动，笔者亲身体会到了杜郎口中学教学的先进之处。希望以后会有更多的机会参与学习，共同成长！

英语课堂“热身”教学之反思

一、课堂教学反思的重要性

东方圣贤孔子在千年前就已为我们指出反思的重要性：“学而不思则罔。”而且孔子的得意门生曾子曰“三省吾身”，真正做到身体力行老师所教！千年之后的20世纪，美国科学院院士、著名的教育心理学家迈克尔·波斯纳提出了一个关于教师成长的公式：教师成长＝经验＋反思。该公式体现了教师成长应该是一个总结经验、捕捉问题、吸取教训、反思实践的过程，明确了教学反思是教师专业成长中不可或缺的一部分！在高中新课程改革形势下，一个不能学会教学、学会反思，并且不断在反思中自我认识、纠正、提高，只能如“教书匠”一般“照本宣科”的教师注定成为不了一个专业的智慧型教师，注定是要被学生抛弃，被日新月异的社会和如滚滚洪流般向前发展的时代淘汰的！

二、英语课堂“热身”教学的具体做法

2022年9月，送走了一届毕业生，我又迎来了新一届的学生。我所教的两个班级一个是普通班，一个是实验班，我不敢有丝毫懈怠，在每节40分钟的英语课上安排了5分钟的“热身”教学环节。具体做法是按照学号顺序请学生到讲台上做“daily report”，每节课一名学生，学生自由选择健康积极的话题，在结束前提出与话题相关的2个问题，请在座的“观众”回答，进行有效的互动。为保持新鲜感及可持续性，避免学生产生倦怠感，我们的“daily report”一学期只进行一轮，也就是说，每个学生一学期中只有一次机会，促使学生珍惜机会，认真对待！在所有的学生都轮流做了“daily report”之后，我在这一“热身”环节引入了新的做法：学习“the word of the day”(每日一词)。在课前花费大量时间做好准备，精心选取“每日一词”，利用PPT，以

图文并茂的方式呈现在学生面前。选取的“每日一词”主要分为三大类，第一类为时效性非常强的热词，如在各大电商隆重推出“双十一光棍节”购物大战之际，我们学习了e-commerce（电商）；在我国传统节日“腊八节”的第二天，我们师生共同学习了腊八粥的英文表达。第二类是与当时所学模块话题紧密相关的词，如在学教材必修二第一模块健康话题时，我向学生介绍了“借食消愁”怎么说。第三类是与处于中学阶段即将步入大学的青少年的学习生活密切相关的，同时是他们十分感兴趣的一些话题的词汇，如puppy love、gap year等。

（一）“热身”教学之得

“daily report”给每名同学提供了用英语展现自我、展现才华的平台，让同学们深切地体会到除了单纯枯燥地背诵单词、短语、句型，理解学习英语语法，做练习题，参加考试以外，英语学习还有助于锻炼胆量，树立自信！同时，由于学生刚刚由各个不同的初中升入高中来到同一个班集体，英语课堂上做“daily report”，能较快地拉近师生之间以及同学之间的距离，消除陌生感，增进了解，使大家顺利融入新的班集体，并且营造和谐宽松的班级氛围，从而促进学生学习！

精心选取的“the word of the day”使学生能够通过轻松、容易、有趣的方式记住英语词汇和句型，这一做法是英语教材的进一步延伸，生动形象地为大家打开了另一个精彩世界的大门，扩展了学生英语学习的载体，开阔了师生视野，极大地调动了学生的英语学习积极性，一些同学在英语课前就会迫不及待地问“今天的词是什么”！尤为重要的是，在此期间，鼓励学生拿出词典在课堂上快速准确地查找出所指定的一两个生词的含义，了解其用法，以培养学生勤查词典的良好的学习习惯！

（二）“热身”教学之失

在做“daily report”之前，我并未对学生做出借助PPT的硬性要求，但在操作过程中有越来越多的同学自觉地将PPT作为辅助手段，相比较而言，未使用PPT的同学的“daily report”就未能达到预期的效果。个别同学未控制好时间，因为自己的发挥，时间已远超5分钟，对课堂的后续教学产生了一定的影响。部分学生未按照要求将生词展示出来与同学分享，导致其余同学在理解上有一些障碍。部分同学未按照要求在结束前就相关话题面向全班同学提问，所以降低了个别同学听的专注性。极个别同学所表达的观点不够积极向上，未能达到宣扬真善美、输入正能量、陶冶师生情操的情感教育目的！

在学习了“the word of the day”之后，对学生的强化巩固策略还不够系统完善，有时仅仅在当天的“the word of the day”学习之前简单抽问学生记住了没有，未能进一步实现课堂教学效益的最大化！

（三）“热身”教学改进措施

针对“daily report”在实施过程中所凸显的问题与不足，我在期末布置寒假作业时将准备第二学期的“daily report”作为其中一项，要求学生利用假期充裕的时间选定积极健康的话题制作好PPT，精选内容，严控时长，前有生词分享，后有问题抽查。希望在进行第二轮的“daily report”时，能够扬长避短，使学生受益更多！

针对“the word of the day”的巩固强化，在第二学期中，我要多向同组教师请教，多向书本学习，同时积极与学生互动，听取学生反馈的意见，争取能摸索出行之有效、适合所教学生、较为系统科学的词汇巩固强化策略，为两个班学生的英语学习锦上添花！

国培毕业典礼发言

尊敬的各位领导，各位学员们：

大家上午好！我非常荣幸作为学员代表在这里发言。记得2017年9月12日星期二那天早上，我离开山东省阳谷县第一中学的校园踏上了来哈尔滨的征途，开启了国培之旅，来到圣地哈尔滨师范大学。

这次国培，内容安排得很充实。在10天时间里，我们听了15场讲座，有陈新忠老师的“英语学科核心思想背景下的教学与测试”，冯展极老师的

“英语课堂教学问题诊断与解决策略”，于钢老师的“高中英语阅读及写作课教学案例分析”，田延明老师的“高中英语词汇形义关系理据性教学策略研究”，美国专家Kevin 老师的“Peer Teaching Vocabulary and Communicative Reading Class”，美国专家Rachel 老师的“Classroom Management”，程晓棠老师的“高中英语教学设计与实施中的问题及建议”，黑龙江省实验中学杜瑞瑞老师的“高三复习策略指导”，哈尔滨市第三中学吴霞老师的“高中英语课堂有效教学策略的案例分析”，张佩云老师的“科研促教研，教研兴教学”，哈尔滨师范大学张晓恬老师的“输出性技能培养在高效课堂中的运用”，哈尔滨师范大学教科学院院长温恒福老师的“中学教育科研方法”，哈尔滨师范大学西语学院副院长张春玲老师的“从语法储备看高中英语骨干教师的示范作用”。专家的讲座让我们受益匪浅，充实的每一天让我们收获满满。两次观摩课中，哈尔滨市第三中学英语教研组组长姚佩红老师精心的教学设计、哈尔滨市第九中学石宇老师原创的写作教学让我们耳目一新、眼前一亮；在高中英语基于问题的反思与教学合作等实践问题讨论中，饶河老师及其组员在“英语教学与兴趣激发”中关于学困生的讨论，杨波老师团队关于“有效教学实践”的探讨，白金国老师工作室关于“英语教学与信息技术应用的结合”的研究点评，用语准确，归纳到位，妙趣横生。从破冰仪式、开班仪式、欢迎晚宴，到参观文博馆、教学论坛、撰写结业论文、教学设计、经典案例、培训心得、结业仪式等，这次国培安排了多项活动。

此次为期10天的国培，让我内心有前所未有的广阔和厚重，内心深处无时无刻不被这样一种力量牵引和感动着，那就是哈师大西语学院的热情与周到，同学们的认真和执着。难忘程爽院长和张春玲副院长的周密安排；难忘王跃强老师、张洋老师的天天陪伴；难忘班委会成员湖北杨文俊老师，四川杨波老师，贵州朱奉能老师、陈会老师，河北孙成贤老师，宁夏金丽老师，黑龙江白金国老师，内蒙古张纬超老师的恪尽职守；难忘新疆刘颖老师、西藏次央老师、河南杜唐永老师、吉林杨柳老师的多才多艺；难忘山东张萍老师、安徽王欢老师的义务奉献；难忘山东老乡孙奕老师、毕泗宝老师、于艳红老师的萍水相逢；难忘北京金娜老师、山西郭小林老师、新疆杨风霞老师的热情好客；难忘室友山西郝小彬老师对我无微不至的关怀；更难忘全体学员的好学精神、守时素质、有序配合、高度自治、光盘行动、静音模式。还有很多老师之前只闻其人，未谋其面，同窗10天，交流学习，畅谈心得。从破冰仪式的三阳开泰，就预示着今天的阖家圆满。

在这短短10天中，我们所有人由教育工作者转变为学生，每天全神贯注地学习，如饥似渴地接受着新鲜理念，抓住这难得的学习机会，仿佛回到了学生时代。

虽然培训已经结束了，但我知道有更重要的学习和工作在后面。路虽远，行则将至。让我们一起借国培东风，重新树立终身学习的观念，为做一名合格的教育工作者努力学习，为培养出更多创新人才努力奋斗！再见了美丽的哈尔滨，再见了哈师大，但我们的心永远聚在一起！

谢谢大家！

让黑夜遮住我们黑色的眼睛

从最初只限于通信，到如今与人们的衣食住行息息相关，手机在技术革新和社会发展的推动下，功能日渐强大起来，不管是生活、学习还是工作，它扮演的角色已无可替代。于是，人们对手机的依赖也越发强烈，从早起到睡前，它总是形影不离。快节奏的生活已然让我们倍感压力，而黑夜里照亮我们面庞的那几寸光明，并不是智慧在闪耀，也并不能帮我们摆脱压力，反倒会影响睡眠，徒增焦虑，不如放下手机，让黑夜遮住我们黑色的眼睛。

阅读短文并回答问题

We've all heard the same warning: looking at your phone or another screen before bed is very bad for you. It may make it harder for you to fall asleep and prevent you from getting a good night's rest. Most sleep doctors suggest turning off screens an hour before bedtime. The reality is that, for the majority of us, cell phones, tablets, or TVs are the last things we look at before we close our eyes. Our smartphones can sometimes feel like an extension of our bodies because we're sophysically connected to them. Screens in general have become such a prominent part of our lives that it can feel completely unrealistic to put them away earlier in the evening. But according to sleep doctors, it's a smart idea to at least give it a try.

At night, your brain starts to produce a hormone called melatonin（褪黑色素）, which keeps your circadian rhythm（生理节律）on track and helps you fall asleep, according to the National Center for Complementary and Integrative Health. Being exposed to bright light suppresses melatonin production, says Philip Richard Gehrman, a behavioral sleep specialist and associate professor of clinical psychology in psychiatry at the University of Pennsylvania's Perelman School of Medicine. "Blue light has the strongest impact," he adds, "and the types of LED lights used in most electronic devices are strongest in the blue part of the spectrum."

Why is blue light particularly bad? Dr. Gehrman explains that the very specialized cells in the eyes that feed into our sleep system and circadian rhythms, called retinal ganglion（视网膜神经节）cells, respond strongly to blue light in comparison to other types of light.

"Beyond the light you're exposing yourself to, there's also the simple truth that it's easy to get caught up in what you're reading or watching, which leads to staying awake a lot later than you should." says Shelby Harris, clinical psychologist in private practice in New York,"Even if you've got the self-control to switch off Netflix after a reasonable number of episodes, depending on what you just watched or read, you may be too mentally stimulated to fall asleep anyway."

1. Which of the following best replaces the underlined word in paragraph 1?

A. important　　B. fun

C. different　　D. major

2. How does bright light "work" at night?

A. It will help us fall asleep very quickly.

B. It will make our brain produce a hormone.

C. It will keep our circadian rhythms on track.

D. It will affect the production of melatonin.

3. What is special about blue light?

A. It has the longest effect on our sleep.

B. It is mostly used in electronic devices.

C. It causes the eye cells to react greatly.

D. It is the strongest one among all the lights.

4. What can we learn from Shelby Harris' words?

A. Self-control will help us escape the influence of television.

B. What we are reading and watching can help us sleep longer.

C. Light is the most important factor affecting our sleep quality.

D. What we watch or read before bedtime will influence our sleep quality.

【参考答案】ADCD

单词学习

1. prominent *adj.* 重要的

He played a prominent part in the campaign. 他在这次运动中发挥了重要作用。

2. hormone *n.* 激素；荷尔蒙 growth hormones 生长激素

3. associate professor 副教授

4. clinical *adj.* 临床的 clinical research 临床研究

5. psychiatry *n.* 精神病学

6. suppress *v.* 抑制；控制

She was unable to suppress her anger. 她按捺不住怒火。

7. spectrum *n.* 光谱

Red and violet are at opposite ends of the spectrum. 红色和紫色位于光谱的两端。

8. private practice 私人诊所

9. switch off 关掉

She switched off the light. 她关掉了灯。

长难句分析

"Beyond the light you're exposing yourself to, there's also the simple truth that it's easy to get caught up in what you're reading or watching, which leads to staying awake a lot later than you should." says Shelby Harris, clinical psychologist in private practice in New York.

【分析】引号部分的句子主干为"there's the truth"。"you're exposing yourself to"为省略了"that"的定语从句，修饰先行词"light"。"that it's easy to get caught up in... you should"为"truth"的同位语从句，其中"what you're reading or watching"为宾语从句。"which leads to staying awake a lot later than you should"为非限定性定语从句，修饰"it's easy to get caught up in what you are reading or watching"。

【翻译】纽约私人诊所的临床心理学家谢尔比·哈里斯说："除了你接触到的光，还有一个简单的事实，即你很容易被阅读或观看的内容吸引住，而这会使你比平时睡得更晚。"

知识拓展

1. National Center for Complementary and Integrative Health 美国国家补充与综合健康中心

2. University of Pennsylvania's Perelman School of Medicine 宾夕法尼亚大学佩雷尔曼医学院

3. Netflix 网飞公司

Netflix成立于1997年，是一家在线影片租赁提供商，总部位于美国加利福尼亚州。

课，原来可以这样上！

从跨出校门又跨进校门至今已经有整整17个年头了。17年中有10年是在带高三，的确积累了一定的教学经验，自己也曾经为之得意。但是随着时间的流逝，我觉得自己的教学思路僵化了，方法单一了，面对活跃的学生的广阔的知识面，觉得自己跟不上时代的脚步了。

我刚接了新的一届高三。这届学生在高二的时候为了好好应付小高考，有一段时间语数外停课给小高考科目让路，所以英语教学进度被耽搁了。进入高三，要首先学完高二时遗留下来的三个单元。也真多亏了这三个单元，让我见识到了，原来课还可以这样上，真正让学生享受到了上课的快乐、学习的乐趣！

以第六模块第二单元为例：

本单元是一个关于音乐知识的单元，介绍了有关歌剧评论、乐队组成、著名的音乐家以及西方流行音乐的发展历史等知识。非常汗颜的是，我自己对于这些知识可以说是知之甚少，怎样把这些知识生动有趣地介绍给学生成了我的一大难题。幸运的是我有一个优秀的备课组，在大家共同的努力下，一节融音乐知识和英语知识于一体的英语课就形成了。

第一步：引入

本节课以每一个学生都非常熟悉的音乐高音符号引入。

T: What do you think of when you see this sign?

S: Music.

T: In my opinion, music is a universal language. Do you think so?

S: Yes! (almost everyone)

T: How many kinds of music do you know? What are they? (a small discussion)

T: Now let's enjoy some kinds of music.

利用多媒体给学生播放几段不同的音乐形式，当然包括我们即将要学习的歌剧。这个环节不仅丰富了课堂形式，提高了学生的学习兴趣，也拓宽了学生的音乐知识面。欣赏完不同的音乐，点出我们本节课的主题，一篇关于歌剧《图兰朵》的评论。

第二步：背景介绍

给学生播放一些歌剧《图兰朵》的图片，结合图片介绍这出歌剧的有关背景以及作者、导演、主要人物等。特别提出学生所熟悉的导演张艺谋、由始至终贯穿整个歌剧的乐曲《茉莉花》。这些学生所熟悉的元素都能激起学生阅读的兴趣。

第三步：阅读

泛读：阅读文章并回答以下两个问题。

1. What is turandot?

2. What are the characters in the opera and what's the relation between them?

通过阅读，学生大概了解了歌剧《图兰朵》的主要情节、人物及人物之间的关系。（通过课堂观察，已经有同学被这样一个美丽的爱情故事给打动了。）

精读：阅读文章并完成以下两个任务。

1. 阅读文章并排序。（整合故事情节）

2. 阅读文章并回答问题。（了解故事的细节，这是一个提高学生阅读能力的关键步骤。）

总结：根据文章的内容填空。（这个步骤是为了增强学生根据文章内容总结概括，写出一个summary 的能力。）

第四步：阅读策略

经过以上步骤，学生已经五次阅读文章，对歌剧情节及歌剧评论已经有所了解，在此基础上解决一个问题：歌剧评论包括哪几个部分，并将文章分成相应的几个部分，使学生对歌剧评论有一个整体概念。

第五步：欣赏

从歌剧《图兰朵》中节选出最精彩的两段：乐曲《茉莉花》出现的经典

剧段——《图兰朵》的大结局，两主人公的二重唱《今夜无人入眠》供学生欣赏。

可以说，这节课在一种浓浓的情感氛围中进行，最后在浓浓的音乐氛围中结束。课结束了，我和学生都有一种意犹未尽的感觉，原来，课可以这样上！

第二节　感悟心得

听乔木老师讲座有感

乔木老师在“基于课标，紧跟高考”的讲座中分享了他在高中英语词汇教学方面的策略与方法。通过这次讲座，我对如何提高学生的词汇水平有了更深入的理解。以下是我对乔木老师所提出的策略与方法的一些心得体会。

首先，乔木老师强调了“词汇化”教学的重要性。他认为词汇是学习英语的基础，掌握词汇的程度直接影响学生的语言能力。因此，他主张在教学中将词汇教学贯穿始终，使学生懂得如何积累、使用和记忆词汇。这一观点让我意识到词汇教学不能仅仅停留在开头和结尾，而是要贯穿整个教学过程。

其次，乔木老师提出了多种多样的教学方法。他认为通过多种不同的教学方法，可以使学生更容易地理解和记忆词汇。例如，他建议使用英英词典，让学生通过上下文和英英释义来理解词汇的意思。他还提出使用同义词、词根和词缀等辅助教学方法，让学生在积累词汇的同时，了解词汇间的相关性。这些方法的灵活运用，不仅可以增加学生对词汇的理解度，还能提高他们的记忆效果。

再次，乔木老师还提供了帮助学生学习词汇的有效策略，如使用词汇卡片和复习计划等。他强调了词汇的重要性，鼓励学生主动扩大词汇量。他建议学生多读多写，通过在实践中使用词汇来巩固记忆。这些策略和方法让我认识到词汇学习不仅仅是被动接受知识，更要注重主动运用和复习。

最后，乔木老师在讲座中强调了考试对词汇学习的重要性。他指出高考英语考试中对词汇的考查非常严格，学生要做到“漏词必被考，蔓延必被杀”。因此，他建议学生将词汇学习和备考结合起来，通过针对性的词汇练习和模拟测试来提高考试成绩。这一点让我深刻认识到词汇学习与高考备考的密切关联，只有兼顾二者，才能取得更好的成绩。

总之，乔木老师的“基于课标，紧跟高考”的讲座为我提供了非常实用的词汇教学策略与方法。通过聆听这次讲座，我更加明确了词汇教学的重要性，也学到了很多灵活实用的教学方法和学习策略。我相信，只有在教学中贯彻这些方法和策略，才能帮助学生全面提高词汇量，为高考取得优异成绩打下坚实的基础。

听管璇老师讲座有感

高考是每个高中生都必须经历的一项考试，它对于升学和未来的发展起着重要的作用。为了应对这一关键考试，我听了管璇老师的一场讲座，学到了不少复习策略与方法，受到了很多启示。

首先，管璇老师强调了英语复习的整体性和系统性。她指出，复习不是独立地学习每个单元，而是要将所学知识进行系统性整合。她建议我们在学完每个单元后，做一个复习总结，将相关知识点进行串联，并列出易错的题型和常见错误。这样可以让我们更好地理解和运用所学知识，并提高解题的准确性。

其次，管璇老师强调了阅读与写作的重要性。她提到，高考英语中的阅读理解和作文是得分较高的题型，所以我们需要重点复习和练习这两个方面。在阅读理解方面，她建议我们进行大量的阅读练习，提高阅读速度和准确度，同时要训练自己的阅读理解能力，学会提炼和总结文章的主旨和细节。在写作方面，她鼓励我们进行多样化的写作练习，如记叙文、议论文和说明文等，培养我们的写作思维和表达能力。

最后，管璇老师还给我们提供了一些具体的复习方法和技巧。她建议我们多做高考真题和模拟题，了解考试的出题规律和难点。同时，她提到了一些应试技巧，如快速阅读题目和选项、利用排除法等。这些方法和技巧可以帮助我们在考试中提高效率，准确抓住答案。

通过聆听管璇老师的讲座，我深刻地认识到高考英语的复习不仅仅是死记硬背知识点，更重要的是要灵活运用知识，提高解题能力。同时，我明白了复习要从整体上进行，注重系统性和综合性。此外，多做阅读和写作练习，掌握一些应试技巧和方法也是必不可少的。在接下来的复习过程中，我将会充分利用所学的复习策略与方法，提高自己的英语教学能力，争取让学生在高考中取得好成绩。

山师省培心得体会

——柴应军教授的作业

作业一：如何科学合理地实施小组合作学习？

小组合作学习是一种重要的教学方法，可以促进学生的学习和进步。在实施小组合作学习时，需要考虑以下几个方面，以确保学习的科学性和合理性。

1. 明确学习目标

在实施小组合作学习之前，教师需要明确学习目标，即学生应该获得的知识、技能和能力。明确的学习目标可以帮助学生聚焦学习重点，同时有助于评估学生的学习成果。在小组合作学习的过程中，学生可以相互交流、讨论，并共同努力达成学习目标。

2. 明确角色分工

在小组合作学习中，教师需要明确每个小组成员的角色和职责。例如，可以指定一个组长来组织和协调小组工作，一个记录员来记录小组讨论的过程和结果，其他成员则负责提出问题、搜集资料等。明确的角色分工可以提高小组成员之间的协作效率，使学习更加有序和高效。

3. 营造积极、和谐的学习氛围

在小组合作学习中，教师需要营造一个积极、和谐的学习氛围。这可以通过多种方式来实现，如让学生相互尊重，倾听他人的意见，鼓励学生积极参与讨论，提出合理的建议等。同时，教师可以设置一些合作游戏或活动，提高小组成员之间的信任和合作能力。

4. 设定合理的学习任务和时间

在小组合作学习中，教师需要设定合理的学习任务，既能够激发学生的学习兴趣，又能够提高学生的学习效果。学习任务应该具有一定的难度，能够激发学生思考和探索的欲望，同时要符合学生的学习能力和水平。此外，教师需要合理安排学习时间，确保学生有足够的时间进行讨论、合作和总结。

5. 提供合理的学习资源和指导

在小组合作学习中，教师应该为学生提供合理的学习资源和指导。例如，可以为学生提供相关的参考资料、书籍、网站等，帮助学生更好地进行学习。同时，教师要及时给予学生必要的指导和支持，解答学生在学习过程中遇到的问题，确保学生的学习顺利进行。

6. 及时评价和反馈

在小组合作学习中，教师需要及时评价学生的学习成果，并给予积极的反馈。评价包括学生对学习目标的达成情况、学生在小组讨论和合作中的表现等。教师可以通过一些评估工具和方法，如小组讨论记录、学习报告、口头表达等，对学生进行评价和反馈。同时，教师要帮助学生发现自己的不足之处，并提供相应的改进建议，促使学生进一步提升自己的学习能力。

综上所述，科学、合理地实施小组合作学习需要教师明确学习目标、角色分工，营造积极的合作氛围，安排合理的学习任务和时间，提供合理的学习资源和指导，以及及时评价和反馈。只有做到这些方面，才能确保小组合作学习的科学性和合理性。

作业二：如何有效开展学生作业的减负提升？

在当前学生压力过大、作业负担沉重的背景下，如何有效开展学生作业的减负提升成为教育界、家长以及学生关注的焦点。接下来，我将从学生和教育者的角度，提出一些有效的方法。

首先，学校和教育部门应当厘清课程标准，合理规划学生的作业量。作业从根本上讲是学习的延伸，是巩固基础知识、提高学生综合能力的重要途径。然而，长时间堆积的大量作业无疑加重了学生的负担。因此，教育部门和学校应当明确教学目标，统一教学大纲，确保作业的数量和难度合理，避免重复、冗余的习题，减少学生完成课外作业的时间。同时，教育部门和学校应加强对教师的培训，提高教师的教学水平和教学质量，使教师能够更好地指导学生。

其次，学校和家长应当建立良好的沟通机制。学校和家长是学生作业减负的重要参与者。学校可以定期组织家长会、教育讲座等活动，向家长解释作业的目的和意义，鼓励家长与教师、学生充分交流，共同研究解决学生作业减负的方法。同时，学校和家长应明确各自的责任和角色，学校要在教学过程中尽量不留作业，家长要关注学生的学习情况，及时与教师沟通，共同促进学生的学业发展。

再次，学校可以探索多元化的评价方式，突破传统单一的考试模式。作业是学生学习的一种形式，评价也应多角度、全面地进行。除了传统的笔试、听力考试等考试方式外，学校可以鼓励学生进行课堂小组讨论、项目展示等，以此对学生进行评价，更好地发挥学生的创造力和合作能力。同时，学校应加强对学生的心理辅导，提高学生的心理承受能力和抗压能力，减少学习造成的心理负担。

最后，学生本身也应积极主动参与学习，合理安排作业时间。作为主体的学生应当根据自己的学习情况和时间，合理规划作业时间，避免拖延和堆积作业。同时，学生要善于总结和归纳知识，提高学习效果，减少重复学习的时间。此外，学生应主动寻求与老师和同学的沟通和交流，及时解决学习中的困惑，提高学习效率。

总之，学生作业的减负提升是一个综合性的工作，需要学校、家长和学生共同努力。学校要合理安排作业量，提高教学质量；家长要积极配合学校，关注学生的学习情况；学生要主动参与学习，合理安排时间。只有形成全社会共识，建立起良好的教育环境和沟通机制，才能够真正减轻学生的作业负担，使学生提高学习效率，培养学生全面发展的能力。

外研社英语高中修订版教材培训心得

新教材内容丰富，涵盖了英语的听说读写各个方面。在教学这套教材过程中，我得到了许多启发和感悟。

首先，我对新教材的内容感到非常满意。该教材注重培养学生的实际应用能力，通过情境化的对话和综合性的阅读材料，让学生在真实的语言环境中学习。与此同时，教材还注重扩大学生的知识面，通过引入各种话题和文化背景，开阔学生的视野。我发现学生在上课时对这些内容有很大的兴趣，积极参与讨论和学习，提高了对英语学习的主动性和积极性。

其次，我觉得新教材的教学理念值得借鉴。该教材倡导“以学为本”的教学模式，强调学生的主体性和自主学习能力的培养。我在教学过程中，尽量让学生充分参与课堂活动，鼓励他们表达自己的观点和想法。同时，我注意调动学生的学习兴趣，使用多种多样的教学方法和资源，使学生能够更加主动地掌握知识。这种教学模式不仅能够提高学生的学习效果，还能够培养他们的综合语言能力和思维能力。

最后，我还发现新教材注重综合素养的培养，不仅关注学生的语言能力，还关注学生的审美能力、情感态度和社会交往能力。通过一些情感化的课文和教学活动，能够激发学生的情感共鸣和社会责任感，培养他们的道德品质和良好的行为习惯。这种综合素养的培养有助于学生全面发展和成长，使他们不仅能够掌握语言技能，还能够运用语言解决实际问题和与他人进行有效交流。

在教学这套教材过程中，我深感教学的乐趣和挑战，也深切体会到了学生在这样的教学环境下的成长和进步。我会更加努力地在教学实践中融入这套教材的理念和方法，尽我所能地提高学生的英语水平和综合素质。

单元整体教学视域下的高中英语教学设计学习感悟

怀着学习的精神，我们英语组一块学习了李敏老师的单元整体教学视域下的高中英语教学设计，感慨颇多，受益匪浅。

一、做到钻研教材，挖掘单元主题与单课话题之间的深层次关系

教材是教学设计的重要内容与标准。在单元整体设计时，要做到主题与话题之间的浑然一体，必须对教材进行充分的研读，还要挖掘教材中单元与单课之间隐含的内在联系，从而为更好地设计主题与话题提供更多的素材。我们要认识到，教学的内容要基于教材的文本，但并不局限于教材呈现的文本，更多的内容隐藏在教材文本之下，具有内在的隐性联系。我们需要深层次地研读教材，充分挖掘与教材文本相关的教学内容，并选择出相关的材料。在此基础上，我们才能更好地梳理单元主题与单课话题间的联系，挖掘其深层次的关系。

二、做到文本再构，梳理单元主题与单课话题的联系

我们要明确设计思路和单元主题的教学内容，基于课程标准对我们的要求，通过文本再构，设计适合学生学习的单元教学内容。因为教学内容在教材中可能呈现得比较散，而教师挖掘出来的内容显得更为零乱，如果直接让

学生去学习是达不到我们预期的学习效果的，同时我们对于语言的学习强调系统性、整体性与情境性，所以教师要通过文本再构，在单元整体与单课教学的体系内合理安排好教学内容，将分散的知识点按照语境、话题、层次等逻辑顺序重整排列，就犹如一盘散开的明亮璀璨的珍珠一样，把它们用一根结实又好看的链子串起来，一定更有价值。文本再构也是如此，要符合学生的认知规律：从易到难、从学到用、从旧到新，螺旋式上升，既学习新内容又联系旧知识，既学习教材文本又整合文化内涵与生活实际。

三、构建学习英语的语境，把学生引领到语境中

在设计时，用话题人物或故事串联成并列式的设计，用主题—话题的结构串联成总分式的设计，用认识过程或是事物发展过程的先后顺序串联成递进式的设计，等等。这些方式都能够有效地将教材内容中散落的珍珠以主题—话题为线串联成美丽的学习链，丰富课堂学习的内涵，拓展课堂学习的深度，打造多元内涵、多线性层次的课堂教学盛宴，把学生引领到一种英语学习的语境中，更好更快地使学生融入你的课堂教学中。

因此，我们在写自己的教案时，要切实地走进教材、研究教材、用好教材，用心去体会和挖掘教材中所蕴含的丰富学习内容，并进行提炼。教材是教学活动的载体和基本立足点，只有用好教材，设计好教学，实践好课堂，才能达成教材与教学的和谐统一，体现两者之间的完美结合。单元整体教学设计很新颖也很本质，我们应充分利用教学资源，整合材料，把英语教学做得越来越好。